求庄不如求己

股性与人性结合寻找投资之道

程松林 编著

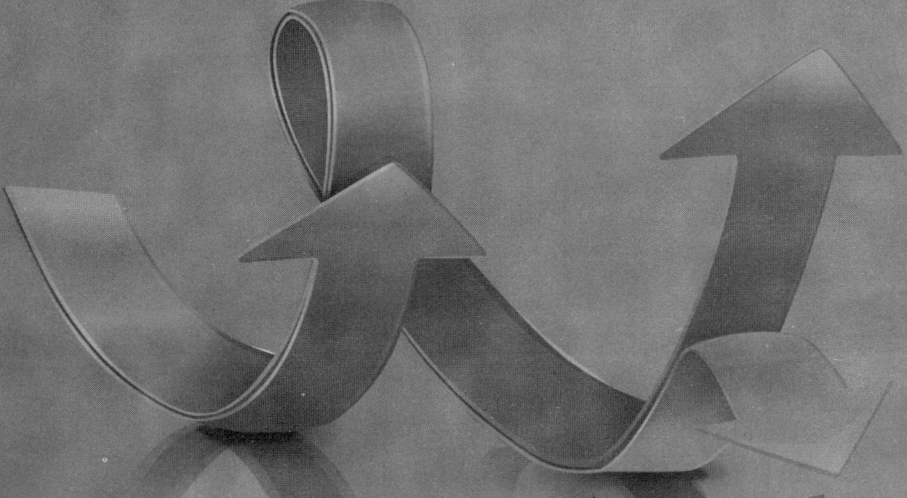

企业管理出版社
ENTERPRISE MANAGEMENT PUBLISHING HOUSE

图书在版编目（CIP）数据

求庄不如求己：股性与人性结合寻找投资之道 / 程松林编著. —北京：企业管理出版社，2010.7

ISBN 978-7-80255-659-1

Ⅰ.①求… Ⅱ.①程… Ⅲ.①股票－证券投资－基本知识 Ⅳ.①F830.91

中国版本图书馆 CIP 数据核字（2010）第 124759 号

书　　名：求庄不如求己：股性与人性结合寻找投资之道

作　　者：程松林

责任编辑：丁　锋

书　　号：ISBN 978-7-80255-659-1

出版发行：企业管理出版社

地　　址：北京市海淀区紫竹院南路 17 号　　邮编：100048

网　　址：http://www.emph.cn

电　　话：出版部（010）68414643　　发行部（010）68467871

编辑部（010）68701074

电子信箱：80147@sina.com　　zbs@emph.cn

印　　刷：北京智力达印刷有限公司

经　　销：新华书店

规　　格：170 毫米 ×240 毫米　16 开本　11.75 印张　173 千字

版　　次：2010 年 8 月第 1 版　2010 年 8 月第 1 次印刷

定　　价：28.00 元

·前 言·

散户投资者炒股最该具备两点，也是最关键的两点——方法和心态。而很多散户投资者并没有完全认识到这一点，因为自身原因和市场原因，一些人表现得较为盲目。

散户投资者在股市里，面对大大小小的公募基金和大大小小的“私募”，完全是一支弱势群体，除了掌握某只股票“买”或者“卖”的操作权之外，几乎一无所知。面对某一只股票，散户群体在决定“买入”或者“卖出”前，不可能组织专门的调研，不可能提前知道任何“利好”或者“利空”消息，可以做的只有消息明朗以后的操作，而这些所谓消息明朗后的操作，多半是“为之已晚”，要么股价已经高高在上，买入只能追高；要么股价已经一落再落，卖出只能割肉了。

于是，精明的散户投资者开始研究“消息”。

很多散户在网络、电视、报纸等诸多媒体发布的铺天盖地的消息中苦苦寻找，但是，一些有关经济发展的敏感消息经媒体发布需要一个过程，选题立项、调查分析、组稿成文、审核把关、对外发布等等各个环节下来，可能是3天，可能是1周，还有可能是1个月，等二级市场里的散户投资者知道为时已晚了。

而这些消息有大有小，有真有假，根本无法确认哪个消息对手中的股票有指导意义。电视里所讲的大多是跟世界经济形势、国家经济形势有关的，对分析社会发展形势的大基本面有帮助，对于某只个股而言，作用是间接的。网络、报纸跟电视差不多，有关经济的大小新闻和大小消息一并充斥，你得“独具慧眼”才能找到真知。更有甚者，网络上还会经常散布出一些假消息，说某只股票10送10，某只股票注资重组，真正兑现的没有几个。也有一些电视台的股评栏目，那些“老师”或“股评家”天天推荐股票，效果只能由散户投资者自己去感受。

慢慢地，散户投资者发现自己在消息面前没有什么胜算，进而发现股票的炒作跟庄家有着密切的关系，也就是说，股票走势如何一定程度上取决于“庄家”的作为。

于是，更精明的散户投资者开始研究“庄”。

散户投资者翻看一些有关“庄”的文章，探听一些有关“庄”的消息，摸索一些有关“庄”的操盘方法，见到有大资金进出的股票就毫不犹豫地进入。一些散户投资者的理想就是——与庄共舞。

然而庄家和散户永远都是对立面。庄家无时无刻不在寻找散户投资者的弱点，同时利用散户投资者的弱点进行投机操作。散户投资者在二级市场没有内幕消息、没有足够的控盘资金、更谈不上投资计划，像是摆在庄家面前的猎物。在某个股票的炒作过程中，在消息或是庄家意图暴露给散户之前，庄家总会设置各种各样的陷阱，让散户投资者来追涨杀跌。

这个追涨杀跌的过程就是散户投资者牺牲的过程。

笔者一个朋友的父母在2007年8月用50万元入市，2008年底只剩下10万元；笔者的同事，2006年入市，期间不断投入资金，最高时投入40多万元，现在也只剩下一半。他们和笔者一样是工薪阶层，这些资金都是经过多年积攒，严重的亏损令人痛心疾首，让人难以承受。

当失败来到散户投资者面前的时候，一些人开始诅咒庄家，开始恨庄家，同时也对这个市场失去了信心。

无论成功与失败，都很少有散户投资者来研究自己。

一般的散户投资者喜欢把所有的注意力放在目标股票上，研究股票的日走势、周走势、季度报表、年度报表等，却忽略了自己的投资方法和心态。

实际上，自己是否适合炒股？自己炒股的方法是否正确？自己的投资心态是否健康？这些才是真正决定股票投资成败的最关键因素。

方法对头、心态健康，任股票在走势上如何佯装，我们都能够抓住规律，享受它带给我们的丰厚利润；方法不对头、心态不健康，就算股票马上开始大涨，散户投资者还是会在最后一刻下车，之后开始无尽的忏悔。

在难以提前知道的内幕消息面前，在难以对付的机构庄家面前，为什么我们不好好求一求自己呢？让自己的方法更恰当一些，让自己的性格和心态更健康一些，完善自我，超越自我，也许所有关于股票投资的难题都会迎刃而解。

在了解股性过程中寻找方法，在感悟人性过程中寻找启发，掌握股性，完善人性，做到股性和人性的统一，学会理性地投资，才能把我们手中的资金用好，才能把损失化为最小，同时争取更多的投资回报。

完全从散户投资者的角度，用经验之谈感悟正确的投资之道，用人生之道感悟投资之道，帮助散户投资者认识自己，完善自己，在股市里摸索正确的方法，保护自身利益，正是这本书的初衷！

程松林

2010年5月

CONTENTS

目 录

自我测评

你适合炒股吗？——“股民合适度”告诉你

每个人都有自己的特长，也都有自己的不足，正所谓“人无完人”。人的个体特性决定了他能够做什么事情，或者说在哪一行业里能够有所成就。打篮球个子矮的很少，模特和演员没几个长得丑的，主持人都是能说会道。人物同理，水曲柳多用做普通家具，樟木多用做衣箱，红木多用做高档家具，为什么？因材质而定性。

炒股也是一样，需要具备适合的特质。性格、作风、职业、收入、家庭、财产等决定了你的炒股特质。因为这些诸多因素会影响你和决定你，影响你的判断和抉择，决定你的实力和承受能力。

暂且把个人的炒股特质称为“股民合适度”吧。

如果你想入市，决心做一个散户，或者说你已经是一个散户，我觉得都有必要重新测试一下，看看你的“股民合适度”是多少？如果分值很高，适合炒股。OK！可以继续在股市里摸爬滚打。如果分值很低，很“不合适”，那我真诚地建议你不要入市，或者赶紧在不亏损的情况下把资金撤出来，以免有一天后悔莫及。

“股民合适度”测试问题（选择确定的答案并累加后面分值）

1. 如何以急、中、慢来划分你的脾气和性格，你属于哪一种？

（1）急脾气（0分）；

（2）中性（5分）；

（3）慢性子（10分）。

2. 你是不是一个喜欢跟风的人？

（1）是，喜欢跟风（0分）；

（2）很一般（5分）；

（3）不喜欢跟风（10分）。

3. 你打定主意后，别人的否定意见会让你动摇吗？

（1）是，会动摇（0分）；

（2）一般不会（5分）；

（3）坚决不会（10分）。

4. 你是工薪阶层？还是有钱人？

（1）是工薪阶层（0分）；

（2）有钱人（10分）。

5. 你可以支配的资金是用来养老？买房子？还是有其他大用？

（1）对，养老、买房子等大用处（0分）；

（2）没有大用，纯粹闲置资金（10分）。

6. 你股市里的钱是从老人或者朋友那里借来的吗？

（1）对，借来的钱（0分）；

（2）不，自己的闲置积蓄（10分）。

7. 你的月收入大概有多少？

（1）1 000元左右（0分）；

（2）3 000元左右（5分）；

（3）5 000元以上（10分）。

8. 过年花 1 000 元以上买一双喜欢的鞋，你会犹豫吗？

（1）不会买（0 分）；

（2）犹豫（5 分）；

（3）不犹豫，喜欢就买（10 分）。

9. 朋友有困难找你借 10 000 元，可能短期不会归还，你会借给他吗？

（1）不借（0 分）；

（2）借（5 分）；

（3）真有困难就送给他了，不需要归还（10 分）。

10. 你对从股市里挣钱抱很大希望吗？

（1）对，抱有很大希望（0 分）；

（2）一般，只是拿来消遣（5 分）；

（3）无所谓，作为长期投资，并不期望太多（10 分）。

11. 你总是追高买入当天正在涨的股票吗？

（1）是，看好就追高买入（0 分）；

（2）一般般，看好的在跌的过程中也买（5 分）；

（3）分批建仓，看好时无论涨跌都买（10 分）。

12. 你天天都满仓，还是有阶段性空仓、半仓操作？

（1）习惯一直都满仓（0 分）；

（2）半仓操作（5 分）；

（3）看大盘，有阶段性，或空仓或半仓操作（10 分）。

13. 买入股票后，你一天都在看盘吗？

（1）是，一天都在看（0 分）；

（2）偶尔看一眼（5 分）；

（3）有计划地看盘或做波段（10分）。

14. 买人的股票被套，你是不是心急如焚？

（1）是，很着急，茶不思，饭不想（0分）；

（2）无所谓，放着观察（5分）；

（3）不会悲观，在预料范围内（10分）。

15. 你经常和朋友讨论自己股票投资的得失吗？

（1）是，经常交流（0分）；

（2）不交流，作为隐私（10分）。

16. 买股票看盘是你一天里比较重要的一件事情吗？

（1）是，很重要（0分）；

（2）一般般（5分）；

（3）长期投资，无所谓每天看不看（10分）。

17. 你已经有房子、有车了吗？

（1）没有房子、没有车子（0分）；

（2）有房子，没有车子（5分）；

（3）有房有车（10分）。

18. 你和爱人之间经常为花钱而烦恼吗？

（1）是的，为花钱而吵架（0分）；

（2）偶尔，只是不想乱花钱，杜绝浪费（5分）；

（3）从来没有，条件很好，无所谓（10分）。

19. 假设你的亲人遭遇大病，你最多能负担多少药费？

（1）5万元（0分）；

（2）15万元（50分）；

（3）25万元以上都没问题（10分）。

20. 在银行内你有多少固定存款？

（1）10万元以内（0分）；

（2）10万元以上（5分）；

（3）20万元以上（10分）。

21. 你关心国家经济发展吗？经常看有关财经类新闻吗？

（1）不关心（0分）；

（2）偶尔会看一些财经新闻（5分）；

（3）非常关心时事财经新闻和国家经济发展（10分）。

22. 你对股票有了解吗？懂一些基本知识吗？

（1）一点不了解（0分）；

（2）知道一些有关知识（5分）；

（3）清楚和掌握股票相关知识（10分）。

23. 生活和工作中，你是否经常会犯同样的错误，并因此懊悔不已？

（1）总是犯同样错误，并在之后懊悔（0分）；

（2）经常会犯错，但很少犯同样错误（5分）

（3）做事考虑周全，极少犯错误（10分）。

24. 对家庭、对工作中的琐事，你总是充满耐心吗？

（1）没有耐心（0分）；

（2）有时候会因为心情失去耐心（5分）；

（3）对待各种事情总是充满耐心（10分）。

25. 你觉得自己是不是一个脆弱的人？

（1）是，很脆弱（0分）；

（2）一般（5分）；

（3）自己是个坚强的人（10分）。

26. 你经常因为过于自信而错误估计事态发展吗？

（1）是，有时候过于自信（0分）；

（2）不自信（5分）；

（3）心态较平和，做事较为理性（10分）。

27. 生活和工作中，你是否有很强的攀比心态？

（1）有攀比心态，心理总不平衡（0分）；

（2）从没羡慕什么，自己默默努力（10分）

28. 你是不是一个爱占小便宜的人？

（1）非常喜欢占小便宜（0分）；

（2）一般，但有便宜就占（5分）；

（3）对此类行为非常讨厌（10分）。

29. 从你入市到目前，总是处于亏损状态吗？

（1）是的，总是在亏损状态（0分）；

（2）基本持平（5分）；

（3）有一定的盈利（10分）。

30. 你的家人支持你炒股吗？

（1）不支持（0分）；

（2）无所谓（5分）；

（3）非常支持（10分）。

请把累加后的分数写在括号内：

自测“股民合适度”得分（　　）

实际上，笔者也很讨厌问答题的形式，浪费时间不说，无聊的问题还可能扰乱你的心情。但是，你面对的是股市，是一个有风险的市场，每一个散户投资者在刚刚怀揣现金进入股市的时候都信心满怀，几个月或者一年下来，仍然能够信心满怀的人又有多少。不要说笔者太悲观了，有一部分幸运的散户赶上好的时段入市，几个月下来可能收入颇丰；而另外一部分散户，入市就被套牢，摸爬滚打很多年，算计下来并没有什么进账。所以，在分析讨论炒股方法和炒股心态之前，我们要把“自己是否适合入市炒股”当做一个重要问题提前弄清楚，这道理类似“磨刀不误砍柴工”，如果不是这个材料，干脆也别想着“砍柴”，更没有“磨刀”的必要了。也许各个证券营业部在醒目位置贴有“股市有风险、入市需谨慎”的标语也有这层意思，入市之前一定要考虑清楚，而且要把自己弄个明白！

△股民合适度 0 到 90 分，不适合炒股。以你的经济条件和心理状态，真的不适宜进入资本市场。如果你已经介入了，不亏钱的话，赶紧退出吧。

△股民合适度 95 分到 150 分，中性。如果你真的想炒股，建议你拿出 3 ～ 5 万元入市，多学些股票知识，也碰一碰运气。如果你已经在炒股了，建议你控制好仓位，本金最好不要超过 5 万元。

△股民合适度 155 分到 300 分，适合炒股。你的经济条件和心理状态还不错。如果你想炒股，建议拿出 5 ～ 10 万元或者更多进入股市。如果你已经炒股多年，是一位老手，建议控制好仓位，学会见好就收，把利润最大化。

第一篇

在股票涨跌起伏中寻找方法

股市无规律，疾风骤雨、变化无常；股市又有规律，起起伏伏、寒热交替。读不懂市场的变化，可能就要经受无尽的折磨，或失败、或放弃。而抓住市场的规律，相对而言就可以应对自如，在其中体验生存的快乐，不断积累、不断进步。

在如蚁如麻的消息面前，在瞬息万变的股价面前，投资者是弱小的，是被动的，而投资者最应该做到的就是随波逐流、见招拆招。“风动而心不动”是随波逐流的理想境界,“势动而我先行”则是见招拆招的最佳选择。

正确的道理也许你已掌握，但却因身在市场，致使自己无法清醒面对。好的操作方法也许并不复杂，但可能因为诱惑，让你陷入无尽的迷局。一直以来，掌握好的操作方法都是散户投资者努力的方向，而这真的需要我们在股票的涨跌起伏中静心地感悟……

第一章　何时入市很关键

——准确把握股市里的“春夏秋冬”

一年有四季，何时播种，何时收获，何时农忙，何时农闲，必须遵循自然的规律。股市也是一样，也有自己的春夏秋冬。春天，万物复苏，个股萌动；夏天，气温攀升，股性活跃；秋天，果实挂枝，长（涨）势迅猛；冬天，气温骤降，人气不稳。准确把握入市的“季节”，遵循投资规律，必将有所收获。

要准确分辨股市里的季节，就必须依靠对股市灵敏的嗅觉和对大势的准确判断行事，绝不可以人云亦云，更不能盲目听信某某媒体老师的推荐。很多散户朋友喜欢看一些论股荐股的电视节目，一段时间笔者也曾经看过信过，但效果不佳，笔者的同事和朋友甚至因为“荐股”而深套。一些有多年炒股经验的股友甚至得出结论，并发帖子警告散户，“某某老师一推荐，这个股票就出货”、“黑嘴一点评，股票就完蛋”，这种说法不无道理。分析一下，“某某老师”、“某名嘴”同某个股票庄家的关系谁能说得清楚呢?

说到底，一句话：炒股还要靠自己！赚了别高兴，赔了别气馁，别人永远只关心他自己的钱袋子，自己的钱袋子还要自己看好。

以 2005 年初至 2008 年底这个时间段为例，中国股市走出了一波波澜壮阔的大行情，上证指数从 998 点一直涨到 6 124 点，我们股民就完完整整经历了春夏秋冬的季节变换。有的人投资回报丰厚，有的人大体平衡，另外还有一部分人颗粒无收，甚至产生了亏损。见图 1–1。

个人的观点：春天——入市去播种吧，但要埋好拿住；夏天——大多个股受气候影响已经发芽，此时积极入市，趁天暖种个“好苗子”；秋天——花骨朵多、未成熟的果实多、成熟的果实更多，可以最后入市采摘果实或者找个花骨朵等

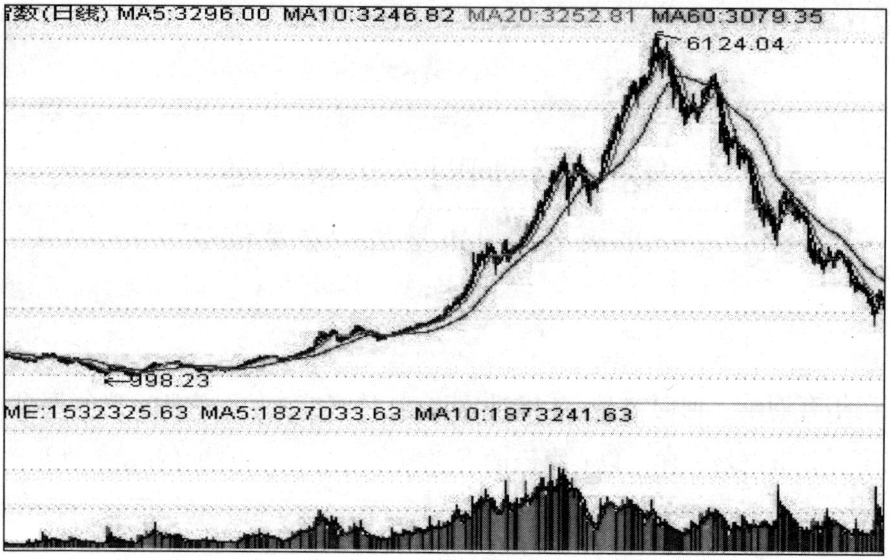

图 1–1　上证指数走势图

待成熟；冬天——坚决不能入市，趁“气温”上下波动赶紧把“筐”内所有的都处理掉，别等气温一降再降，股票捂烂了后悔莫及。

一、股市春天——回暖复苏

股市的春天，初暖乍寒。股指在漫长的冬季里不断震荡走低，在探至一段时期的新低后，突来一股暖流，并开始逐步缓慢走稳走高。2005 年 6 月 6 日，上证指数震荡下探至最低 998.23 点之后，立即掉头向上，当日涨幅超过 2%，跟前期走势相比留下一个下影线大阳。6 月 7 日冲高后回落，6 月 8 日单边走高，当日最高涨幅超过 8%。

大盘在相对低位震荡、走低已久，忽然一天大幅走高，是暖流入市的强烈信号。此时的个股价格已经相对很低，市盈率从几倍到十几倍。举几个例子：深发展（000001）股价在 6 元左右；山东黄金（600547）股价在 9 元左右；贵州茅台（600519）股价在 46 元左右。暖流过后，大盘震荡下探，确认底部后，在 2005 年 7 月下旬一路走高，开始了初期行情。见图 1–2。

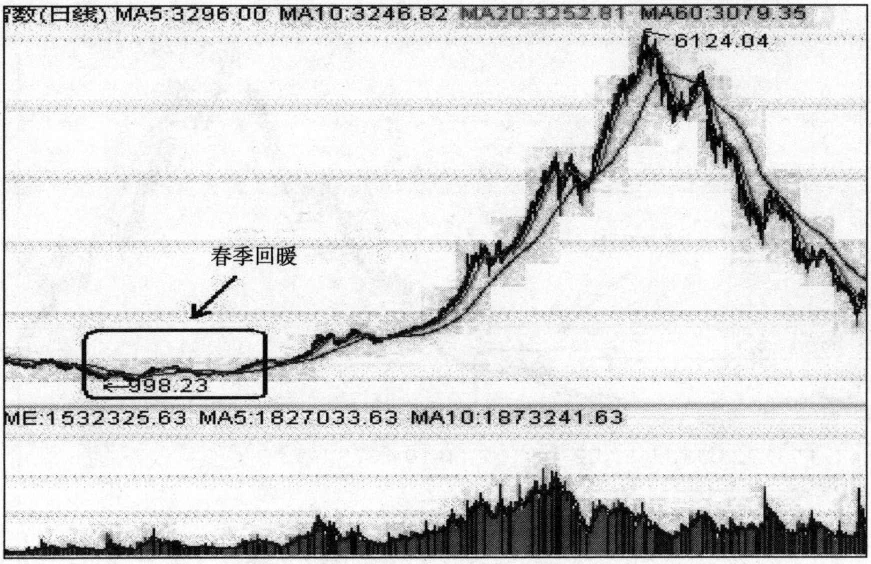

图 1–2　上证指数走势图

分析“股市春天”特征　大盘股指震荡走低，在人气急剧下落至冰点的时候，受国际或国内经济发展形势刺激，突来一股暖流。判断时应注意股指在相对低位已久，二级市场股票价格非常低，平均市盈率从几倍到十几倍。这里的股指及股票价格均是相对而言，不同时期的“春天”有所不同，准确掌握和分析市场特征最为重要。

结论　甩开疑虑，大胆入市。用散户的话来说，就是“砸锅卖铁”也要买股票。因为春天以后是夏天，会更暖更热。

二、股市夏天——快速升温

股市春天的暖流过后，是小幅度的升温，过程缓慢。持续的升温逐渐演变，且升温速度加快，随即进入“夏天”。在 2006 年 1 月到 2006 年 8 月的时间段里，大盘走势已经非常明朗，持续地走高走稳，温和的整理，整理后又是持续地走高走稳。随着股市走暖走好，人气迅速飙升，2006 年 4 月 28 日至 5 月 15 日几个交易日连创新高。2006 年 6 月 7 日大幅度下跌洗盘后，股指又立即走稳走高，市场情绪一片乐观。见图 1–3。

图 1–3　上证指数走势图

分析“股市夏天”特征　股指逐步走稳、走高，伴随成交量的放大不断创出新高，市场人气不断高涨，个股价格迅速上涨。股指每天的走势相对较稳，偶有几次较大涨幅，之后总伴随大幅度下跌洗盘（洗盘过程短暂），洗盘后大盘立即走稳，并逐步修复均线，继续向上。个股普遍开始活跃，尤其一些小盘股和题材股走势较猛，带动大盘继续向上。

结论　坚决入市。在市场开始活跃、人气开始集中的时候入市收效很快，多数时候大盘和个股呈现单边上扬行情。因为一波行情已经确立，得先机者已经建仓，市场上其他的大部分人正在建仓。

三、股市秋天——疯狂大涨

秋天是收获的季节，大盘持续创出新高，个股板块轮动，呈现阶段性普涨、暴涨。2006 年 9 月份开始到 2007 年 10 月初，上证指数从不到 2 000 点一直飙升到 6 000 点左右，个股价格少则涨了几倍，多则十几倍，市场人气已经接近疯狂，证券营业部开户人数与日俱增，交易大厅人满为患。见图 1–4。

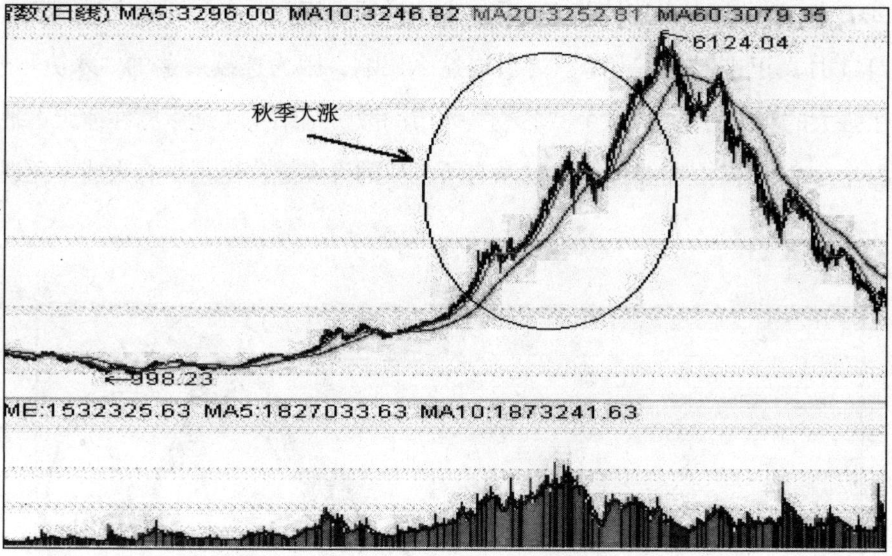

图 1–4　上证指数走势图

分析“股市秋天”特征　大盘受经济形势影响，或是受利好政策及消息的刺激，连续创出新高。市场人气旺盛且接近疯狂，市场资金充裕，成交量持续放大。个股继续普遍上涨，经常出现几十只或者上百只股票一起涨停的场面。“股市秋天”的后期经常出现大盘指数上涨而多数股票不涨的现象，一些大盘股、垃圾股开始被庄家炒作。

结论　理性入市，见好就收。在丰收季节初期和中期，个股经常出现暴涨的场面，选择一些有持续上涨潜力和分红题材的股票，很容易获取利润。到“秋天”后期入市不太容易赚钱，许多机构和庄家利用人气疯狂减持，收获后撒落的残羹剩饭只有少部分幸运散户可以捡拾，人气的疯狂也同时揭示着随时可能来临的风暴。

四、股市冬天——震荡走低

当市场人气极端旺盛、散户接近疯狂的时候，机构和庄家往往开始派发筹码，砸出一大部分，拿回一点，再砸出一大部分，再拿回一点，股指此时呈现大幅度震荡。多数个股当日的走势也同大盘一样，放量震荡。大阴线伴随小阴线连续出现，前期低点还没收复，又会出现新的低点，冬天真的来临了。

2007年10月初大盘连续跳空上涨，上演最后的疯狂，之后开始大幅震荡走低。2008年1月真正进入冰雪严寒。之所以这么比喻，因为连续震荡的“寒流”逐渐形成了强大的空方力量，让这个“冬季”入市的散户结结实实地暴露在冰天雪地中，落得一个个心寒体冰。就是刚刚在秋季有所收获的许多散户也很少有人能幸免遇难。见图1–5。

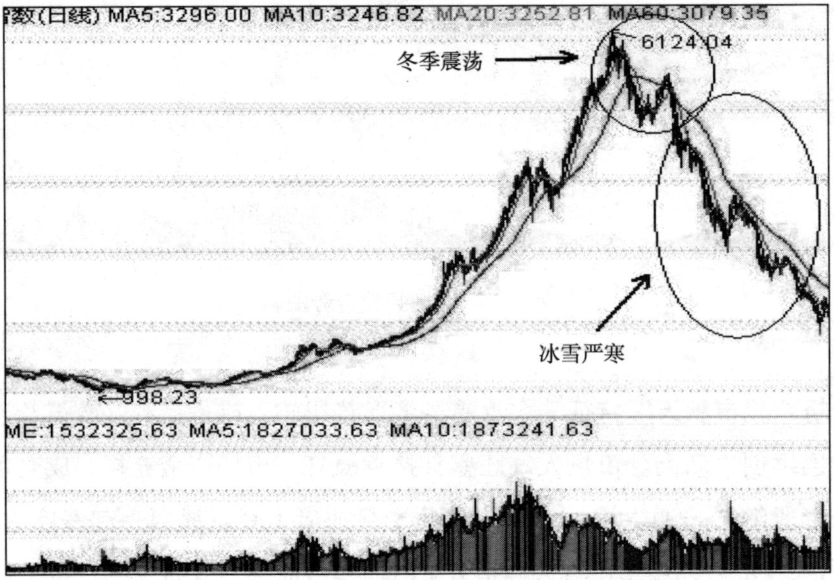

图1–5　上证指数走势图

分析“股市冬天”特征　大盘多次出现单边大幅下跌，股指震荡走低，空方气氛弥漫，人气迅速降低。市场上多空双方开始出现争论，争论最多的是收复某点失地或者再探某个低点。个股价格和市场平均市盈率已经很高，股指和个股上涨过程中遇阻明显，每次反弹冲高却又冲不高、创新低后还有新低，而成交量则相对放大，筹码进一步分散。后期可能出现连续阴跌，大部分散户套牢后惜售，股价创新低后缩量明显。

结论　不要心存幻想，必须果断离市。冬天能收到果实吗？即使有果实的话也被大雪覆盖，不怕冻死就到雪里扒吧。很多散户因为在这个季节损失了2万又投入4万，4万套了又投入8万，不断以成倍的资金去捞，这时候的“锲而不舍”换来的是严重的亏损，所有的投入都不会有收获。

本章小结

把股市里不同时段比作一年中的四季，是想告诉大家何时播种、何时收获。股市里的四季是象征性的。股市里的冬天过了可能是春天，也可能直接跳过春天进入夏天。股市里的夏天和秋天很难清楚地区分，也许果实还未收获冬天就已经来临。最暖人心的夏秋也许只有短短几个月或者一年，而寒冬可能往往长达几年。

再打个比方，大盘走势是刮过你家自留地的一阵风，深沪两市中某只股票就是你地里的庄稼，暖风来了，庄稼开花结果；寒风来了，枝叶枯萎凋零。有朋友可能坚持一个观点：选个四季常青的苗子，看它的独立走势。不错，想法是好的，可这样的苗子又有几支？普通散户能够从上千种股票中选到这种股票吗？

古人讲“天时地利人和”，我们现在进入股市也应该遵循这个道理，首先必须按“天时”行事，否则可能只落得一个瞎忙活。

要分清楚股市里的季节说容易也容易，说难也难。这也是股民常说的“从K线看股市，往左看容易，往右看难”，要看清楚必须依靠准确的判断，结合社会发展、财经时事等及时进行分析，抛开感情用事，抛开思想束缚，放远目光，打开思维。真心希望散户朋友们包括我自己能够看右多一些，准一些，真正把握好股市四季。

第二章　要用心研判个股的基本面

——选之有道

股票的基本面决定了股票的好坏，直接影响股票的股性、价格。因此，选股首先要看股票的基本面。

基本面包括宏观经济运行态势和上市公司基本情况。宏观经济运行态势反映出上市公司整体经营业绩，也为上市公司进一步的发展确定了背景，因此宏观经济与上市公司及相应的股票价格有密切的关系。上市公司的基本面包括财务状况、盈利状况、市场占有率、经营管理体制、人才构成等各个方面。

在这里我们不做学术研究，有关内容也只是点到而已，散户只要了解一些相关知识，感悟其中奥妙所在就可以了。

本书把基本面概念划分为“大基本面”和“小基本面”。

一、影响个股的一些“大基本面”

1. 经济因素

经济周期、国家的财政状况、金融环境、国际收支状况、行业经济地位的变化、国家汇率的调整，都将影响股价的沉浮。

经济周期是由经济运行内在矛盾引发的经济波动，是一种不以人们意志为转移的客观规律。股市直接受经济状况的影响，必然也会呈现一种周期性的波动。经济衰退时，股市行情必然随之疲软下跌；经济复苏繁荣时，股价也会上升或呈现坚挺的上涨走势。根据以往的经验，股票市场往往是经济状况的晴雨表。

一般情况下，国家的财政状况出现较大的通货膨胀，股价就会下挫，而财政支出增加时，股价就会上扬。

金融环境放松，市场资金充足，利率下降，存款准备金率下调，很多游资会从银行转向股市，股价往往会出现升势；国家抽紧银根，市场资金紧缺，利率上调，股价通常会下跌。

国际收支发生顺差，刺激本国经济增长，会促使股价上升；而出现巨额逆差时，会导致本国货币贬值，股票价格一般会下跌。

2. 政治因素

国家政策调整或改变，领导人更迭，国际政治风波频发，在国际舞台上扮演较为重要角色的国家政权转移，国家间发生战事，某些国家发生劳资纠纷甚至罢工风潮等都经常导致股价波动。

3. 行业因素

行业在国民经济中地位的变更，行业的发展前景和发展潜力，新兴行业引来的冲击等，以及上市公司在行业中所处的位置、经营业绩、经营状况、资金组合的改变及领导层人事变动等都会影响相关股票的价格。

4. 市场因素

投资者的动向、大户的意向和操纵、公司间的合作或相互持股、信用交易和期货交易的增减、投机者的套利行为、公司的增资方式和增资额度等，均可能对股价形成较大影响。

5. 心理因素

投资人在受到各个方面的影响后产生心理状态改变，往往导致情绪波动，判断失误，做出盲目追随大户、狂抛抢购行为，往往也是引起股价狂跌暴涨的重要因素。

二、分析个股的“小基本面”

个股的“小基本面”的指标有很多，这里只列举一些有代表性的：

1. 公司业绩

公司业绩是股票价格变动的根本动力。业绩优良的公司才能保证股票价格的稳步上升，长线投资者尤其应注重公司业绩。衡量公司业绩优劣的最主要指标是市盈率和增长率。选定绩优公司作为投资对象当推首选。

2. 股票的发行量和流通量

发行量和流通量太大的股票本身具有价格稳定、难于炒作的特点，很难期望在短期内出现良好的市场表现。因此，在其他条件相近的情况下，尤其对中短期投资者，最好选择发行量和流通量较小，市场表现活跃，股本扩张能力较强的股票。

3. 净利润同比增长率

净利润同比增长率是反映公司发展潜力与发展后劲的第一指标，也就是所谓的“成长性”。在相同的市场环境下，有的公司稳步发展，有的却停步不前，甚至一路倒退，投资者选定净利润同比增长率高的（最好是同比增长百分之几十以上的）公司是规避风险、寻求获利最为稳妥的一步。

4. 每股股票的收益和净资产值

股票的净资产值是股票的内在价值，是股票价格变动的内在支配力量。在市价一定的情况下，每股收益越高、净资产值越高，越有投资价值，而收益很低甚至为亏损、净资产值大大低于市价的股票不是好的投资对象。

5. 股票市盈率

市盈率的计算公式我们不做研究，任何一个炒股软件中都可以看到。一般地说，一只股票的市盈率高低与其投资价值成反比，高的市盈率意味着股票的市价偏高或税后利润偏低。但过低的市盈率也可能是因为该股票对投资者缺少吸引力，股票价格总是涨不上去，而某些具有较高成长速度的企业当前的股价和市盈率偏高，但预期会产生丰厚回报，也属正常。

市盈率低的股票投资风险较小，相对获利机会较多；市盈率高的股票投资风险较大，相对获利机会较少。初入股市的投资者，一般应选择市盈率较低且比较活跃或市盈率虽较高但发展潜力大的股票。

6. 股价涨幅

在同行业股票中涨幅超前的股票，也就是上涨幅度比同期股价指数或其他股票高的股票，往往是有炒作题材、业绩比较好、受到较多投资者认同、股性比较活跃的股票，是投资者应当率先考虑的对象。

三、绩优股的特征

公司业绩优良、收益稳定的公司称为绩优公司，发行上市的股票称为“绩优股”。绩优股价格相对平稳，对股东有较高的股息红利，是投资者长期投资、稳定获益的首选对象。

选择绩优股的最可靠的办法是查阅公司的财务报表。一般来说，“小基本面”里的各项指标都比较优秀的公司值得信赖。

散户投资者也可以通过考察不同上市公司的派息分红政策来发现绩优公司。一般来讲，一贯定期支付股息和分红，而且数额相对较高，也就是股息支付率（每股股息与每股盈利的比率）较高的公司更倾向于绩优公司。

这里有一个小窍门，我们散户投资者可以通过观察市场上的产品，留心各种广告，来发现绩优公司。产品热门畅销，售后服务优良、信誉好的公司肯定是经营管理很好的公司；而广告是推销产品的重要手段，广告家喻户晓往往就是产品销路亨通的同义语，所以，一个有口皆碑的产品和一个妇孺皆知的广告的背后经常就是一个绩优公司。例如：格力电器（000651）、贵州茅台（600519）等股票。

四、怎样结合基本面找出一只“牛股”

当“大基本面”和“小基本面”结合出现一个最佳契合点的时候，股票开始走牛，我们散户投资者要做的是沙里淘金，在上千只股票中筛查。

当国家宏观经济调整阶段即将结束，而新一轮快速发展有迹象开始时，政策与市场的要求和利益趋向一致，证券市场必定会有较好的表现。这个时期的表征可以从媒体报道中观察到，如国内政局平稳、社会安定、通货膨胀率较低、经济增长率保持在良性范围内、物价稳定、进出口贸易稳步增长、贸易顺差增大、外汇储备增高，在金融方面，利率、银行存款准备金率调低，国家重大经济建设和重点发展项目实施等。

当宏观经济处在调整阶段的后期时，股市经过漫长的大熊市，已到了跌无可跌的底部，风险已得到充分的释放。在这冷清的市场，清淡的交投之中却蕴涵着生机，随着宏观调控的结束，激活股票市场，刺激整个国民经济的发展已成为必然。此时“大基本面”和个股的“小基本面”完全契合，散户入市可以买到价格低廉的股票，手中的股票又可在未来得到政策面的配合。中国股市2006年6月份之后的一段时期就是最佳例证。

在确定“大基本面”向好的前提下，一定要在“小基本面”上下大功夫，找出个股的“牛相”。

题材股、重组股在这里不讨论，因为刺激股价爆发的题材和重组消息等散户投资者知道时已经晚了三春，消息公布后股票可能出现多个“一”字涨停板，零零散散买到的要么是非常幸运，要么是追高抢进。因此，要“相牛”必须把注意力放在绩优股上。

多数“牛股”在基本面上的共同特征是：行业前景好、股本小、业绩好、成长性好（高含权）、有后续题材可挖掘。最重要一点：有大资金关注。

行业前景好。行业独特领先，具时代发展特征，或者行业本身高收益。比如：高科技、军工、医疗、电子通信、证券、信托、能源等。

股本小。流通盘在8000万股以下都可以称为小盘股，流通盘在2000万股以下可以说是超小盘股。小盘股可操控性强，所需资金量小，是很多机构投资者的最爱，上涨过程中往往出现多个庄家接力炒作现象。银行股、汽车股等虽然业绩很好，但股价却相对较低，走势很软，主要是因为盘子太大，庄家不容易控盘。

业绩好。每股收益在0.5元以上，甚至更高。

成长性好（高含权）。公司年收益复合增长率高，利润增长率高，且有送股习惯。这样的股票容易出现抢权、填权行情。

有后续题材可挖掘。比如：大订单、大合同、政策扶持、注入资产等利好消息。当然在这方面散户投资者只能撞大运了。

最重要一点：有大资金关注。牛股一般情况下的走势依托于大盘，又脱离大盘，形成独立的走势。具体表现为：大盘小涨，牛股大涨；大盘大涨，牛股涨停；大盘调整，牛股微调；大盘下跌，牛股有庄家护盘而微跌（强庄股甚至大涨）。

一般情况下，牛股的5日、10日、20日均线呈“多头排列”，走出标准的上升通道。强势牛股洗盘不破5日均线，一般回踩均线后立即上升。

也有部分牛股的庄家为了大量获取筹码，在前期坚定收集筹码过程中，股价形成一定幅度上扬，均线跟随上扬，呈“多头排列”，随后庄家刻意打压股价，均线又随股价走低，形成“空头排列”，股价在长期均线处获得支撑后，再进行拉升，此时均线呈现“群线粘合”状态。见图 2–1。

无论均线处于哪种状态，造成这一情况的原因都是有大资金关注，成交量上多有巨量出现。

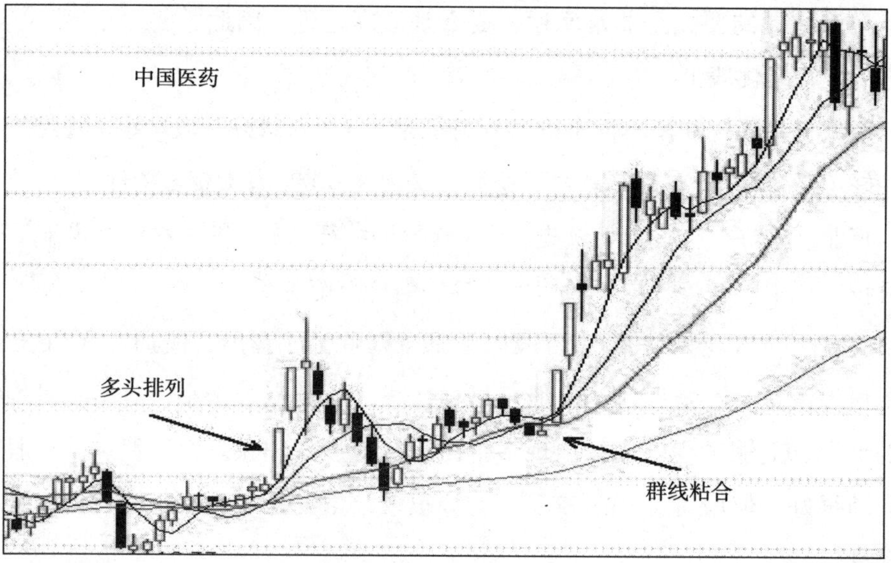

图 2–1　中国医药（600056）走势图

下面以不同时期的大牛股为例进行探讨：

1. 恒邦股份（002237）

2008 年 11 月份，上证指数从 6 100 多点一直下挫，最低跌至 1 600 多点，此时市场人气惨淡，很多绩优股十分廉价。恒邦股份（002237）流通盘 2 400 万股，为黄金冶炼行业，2008 年三季报显示每股收益 2 元，而股价在 16 元左右。到了 2008 年 12 月，市场复苏，人气逐渐回暖，进入春天之后，恒邦股份（002237）走势始终领先于大盘，股价从 20 元飙升至 95 元以上，成为最牛的股票之一。见图 2–2。

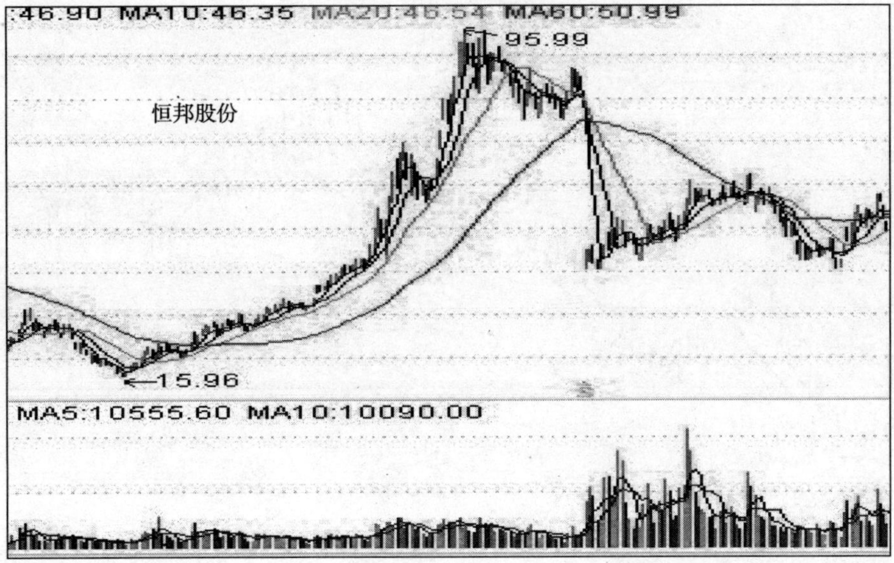

图 2-2 恒邦股份（002237）走势图

2. 世联地产（002285）

2009 年 8 月底世联地产（002285）上市。数据显示 2009 年半年报每股收益 0.67 元，流通盘 2 500 万股，也是标准的绩优股。上市当天最高价 29 元，之后收阴，第三天股价探新低 25.23 元后回升，之后迅速走高，9 月 15 日摸高至 45.98 元。仅仅 10 多个交易日，涨幅之大，令人羡慕。接下来的几个月时间，该股几经洗盘，最高涨至 70 元以上，成为新股中的一个大牛。见图 2-3。

3. 华兰生物（002007）

2009 年甲型 H1N1 流感全球爆发，股市也引发了一场“甲流”行情，华兰生物（002007）因生产甲流疫苗而一日走红。该股流通盘在 2009 年 5 月 6 日除权后变为 3.47 亿股，虽然不是小盘股，但其独特的题材让全国股民关注。2009 年 6 月 4 日伴随着巨大的成交量跳空向上，6 月 5 日跳空涨停，揭示了这一波行情的伟大。更验证了一句股谚——“成交量决定行情”，庄家投入巨资也是因为其独特的题材，以及其后续题材发展。中央电视台财经频道新闻播出华兰生物甲流疫苗投产后，其股价扶摇直上，最高摸至 70 元。与其他牛股所不同的是，华兰生物年初业绩平平，但其题材支撑了它以后的发展，为其业绩提供了保证。见图 2-4。

图 2-3　世联地产（002285）走势图

图 2-4　华兰生物（002007）走势图

4. 信立泰（002294）

信立泰（002294）2009 年 9 月 10 日上市，发行价格每股 41.98 元，总股本 1.13 亿股，流通盘 2 200 万股。公司属医药制造业，2009 年半年报显示每股收益 1.03 元，公司坚持原料药和处方药双管齐下，以心脑血管药物和消炎药等为主打，其中名牌产品“泰嘉”、“信力威”、“信立欣”等药物已成为适应症患者普遍用药，深受广大用户的信赖，公司 2006 ~ 2008 收入的复合增长率 61%，净利润的复合增长率 85%，是典型的高成长型企业。公司股票上市后引起机构和多路资金关注，上市首日股价上涨 58%，以 66.35 元报收。次日开盘后迅速涨停，遭多路资金抢筹。之后经过漫长吸筹洗筹过程，股价一路向 150 元进发。见图 2–5。

图 2–5　信立泰（002294）走势图

5. 杰瑞股份（002253）

杰瑞股份（002253）也是典型的高成长型绩优股。公司 2010 年 2 月 5 日上市，发行价格每股 59.5 元，总股本 8 500 万股，流通盘 2 300 万股。公司在连续三年净利润 100% 增长之后，2009 年仍然保持持续高增长的态势，营业收入、净利润分别同比增长 54.86%、94.12%，按发行后总股本计，每股收益高达 1.57 元，超出绝大多数机构的预期。该股上市首日就遭机构抢筹，走势与信立泰（002294）相似，次日机构继续买进，股价以涨停报收，之后股价整理后向百元进发，这与同时期的一些在次日走低的新股比较，可谓“大牛”。见图 2–6。

图 2–6　杰瑞股份（002253）走势图

本章小结

散户投资者在没有任何内幕消息支持的情况下，认真分析国家政策大基本面和个股的小基本面是必须要做的功课。不妨把备选的股票全部加入自选股里，不要急于购买，先观察几日。多数牛股的走势都是领先于大盘的。

选牛股是技术、是心态；买牛股是功夫、是胆量。有的牛股沿着均线一路上涨，洗盘时间短，洗盘幅度小，很乖；有的则上蹿下跳，震仓幅度大，拉升速度快，脾气很大。投资者一定要仔细辨别慢牛、蛮牛和疯牛，不要被胡乱唱空的其他不坚定者干扰。笔者的几个朋友都曾经买到过牛股，但短线都被震了出来，只赚了一些小钱，就是因为心态没有把握好。

牛股不是一天走出来的，确定某只股票是牛股后，在大势向好的情况下，一定要握紧拿住。

第三章　找出个股K线走势的“急所”[①]

——把握第一信号

借助炒股软件，我们可以清晰地看到某只股票的K线图，如果可以找出K线中的“急所”，准确进行判断，投资者就有了一定的胜算。

股票价格运行趋势在K线上看来，无非是探底和寻峰两个阶段。

探底：股价见底一般经过狂跌后反弹再跌、低价波动、见底回升三个阶段。能够在股价见底之后的回升阶段投资入市是最有把握的选择。

寻峰：股价见顶一般也分为三个阶段：一、股价狂升后大跌，但成交量骤增，随即股价继续上升，到达峰值但成交量减少；二、势均力敌阶段，股价和成交量此伏彼起，稍呈落势但波动幅度不大；三、骤然下跌，虽有反弹也于事无补。在峰值时卖出是离市的最佳时机，最迟也要在第三阶段反弹时离市。

分析股票“探底”和“寻峰”，把握“见底后”和“到顶前”两者之间的时段对于散户投资者尤为重要，我们需要审时度势，在充分利用自己所掌握的技术手段进行分析判断的基础上，力争在较低价时购入，在较高价时抛出。

一、探底

在市场利空影响下，人们会纷纷抛出手中的股票，或者个股股价到了一定高度，上涨动力不足，人们兑现欲望强烈，个股价格就会不断回落，并创出新低。当价格下行到一定位置，到了多数人心里的安全价位，市场的买入信心会得以恢复，人们都开始纷纷买入，使原本下跌的股价得以逆转。这个过程就是股价的探底过程。

探底的三个阶段：狂跌后反弹再跌、低价波动、见底回升。

---

① “急所”是围棋用语，意思是非常紧要的关键之处，或对后续发展起到关键作用的节点。

1. 狂跌后反弹再跌

伴随着大盘指数的攀升，市场人气由温和逐步到沸腾、甚至疯狂，个股股价不断高涨，同时风险也在进一步积聚。一波上涨行情到末期阶段，除了大盘指数居于高位之外，市场上个股市盈率已经普遍很高，一般会达到几十倍，小盘绩优股市盈率甚至超过一百倍。某只股票到达庄家的目标价位后，几次震荡冲高过程中，庄家出货已经达50%～80%以上，这时根据大盘形势发展，如遭遇冷空气（利空出现），庄家就会将手中剩余的筹码砸出，疯狂出货，个股当日或连续几日出现大阴线，持续暴跌。随后几日如大盘转好，庄家会用少部分资金再度拉起股价，同时再继续派发筹码，由于没有后续资金的买入，股价在短暂反弹后会继续下跌。这个阶段多是在行情大跌的初期阶段，也是空方力量最强的阶段。

创业板强庄股吉峰农机（300022）一度红极一时，在2009年12月3日摸至最高96.5元后，股价已经翻了几番，之后立即展开暴跌。庄家在拉升过程中，边拉边出，到90元以上庄家的目的已经实现，而且筹码已经派发差不多了。12月4日，该股以跌停板开盘，打开后又封死跌停。12月7日，该股低开高走，庄家继续派发。虽然当天K线显示为阳线，实际是假阳真阴，所有认为是洗盘的散户进去就被套。之后该股沿着均线一路向下，步入下降通道。见图3–1。

图3–1 吉峰农机（300022）走势图

另一种情况发生在弱势股上，就是庄家不控盘或者根本没庄家，大盘出现下跌后，杀跌力量非常强，股价连续走低，探至新低后，部分散户认为股价见底，进去抢反弹，造成某日股价回升。但因没有大资金关注，次日受大盘影响股价继续下跌，再创新低。

拿创业板另一只股票来说明：天龙光电（300029）2009年12月25日上市后充分换手，两个交易日后并没有突破上市首日的高点，基本断定没有大资金介入。期间大盘不断震荡，空方气氛较浓，其股价也一路走低。2010年1月14日反弹后，又连续创新低，继续探底之旅。见图3–2。

图3–2　天龙光电（300029）走势图

2. 低价波动阶段

持续几个月甚至更长时间的一波上涨行情之后，市场风险积累到一定程度，大盘指数遭遇连续利空开始下跌，个股也随之普遍下跌，在这个过程中，个股股价从超高估值区域向价值区域运动，直到运动至低估值或超低估值区域。此时大盘指数相对较低，个股市盈率普遍偏低，几倍到十几倍不等，某些小盘绩优股的市盈率也在 20 倍左右，市场人气低迷，在没有利好消息的刺激下，场外资金购买欲望不强，不愿人市。

或是在一波上涨行情中，大盘风险积累到一定程度，空方力量突然爆发，致使大盘和个股股价连续下跌到一个相对低位，在市场达到多空平衡后，个股股价在箱体内小幅波动。个股则表现为连续下跌创新低后，成交量已经大幅萎缩，随后股价趋于平稳。在大盘或者个股没有利好刺激的情况下，股价在新低附近的箱体内波动运行，成交量很小。K 线图上常常出现小阴线、小阳线夹杂，阳线、阴线均不放量。

世荣兆业（002016）从事房地产开发，在 2009 年 8 月中旬到 10 月中旬这个阶段，受大盘影响，从 9 元附近跌至 7 元附近。这一时期大盘和地产行业没有明显的利好刺激，股价在 7 元附近波动，最低探至 6.5 元，场内资金进进出出，场外没有新增资金介入，成交量与之前相比也明显萎缩，股价在小箱体内上下波动。见图 3–3。

图 3–3　世荣兆业（002016）走势图

3. 见底回升阶段

经过一个较长时期的低价波动阶段，大盘指数和个股股价调整到一个相对合理的状态，利空出尽、市场的阶段风险已经被释放，大盘指数和个股股价表现开始趋向平稳和回升状态。整个市场的人气开始恢复，大部分投资者对个股股价表示认同，场外资金有介入迹象，并开始积极寻找超低估值的“价值股”，个股成交进一步活跃。

个股则表现为经过低价波动阶段，前期低点已经确认为底部，人气逐步恢复，股价逐步小幅走高，成交量温和放大。一般情况下，低价波动阶段有时和见底回升阶段紧密相连，且可相互转换。股民常说的“W”型底是低价波动阶段和见底回升阶段多次转换后的产物。一段时间市场上很多股票呈现“V”型和“U”型底，即在下跌探底后立即见底回升，低价波动仅仅几日时间。

山东威达（002026）在 2009 年 8 月中旬最低探至 6.26 元，之后缓步回升。9 月 2 日探至 6.47 元后回升，9 月 18 日再次下跌开始探底，29 日探至 6.66 元确认后，已无下跌动能。几次探底形成了“W”型，随着人气的回暖，市场的认同，其成交量缓慢放大，股价开始沿均线持续上涨。见图 3–4。

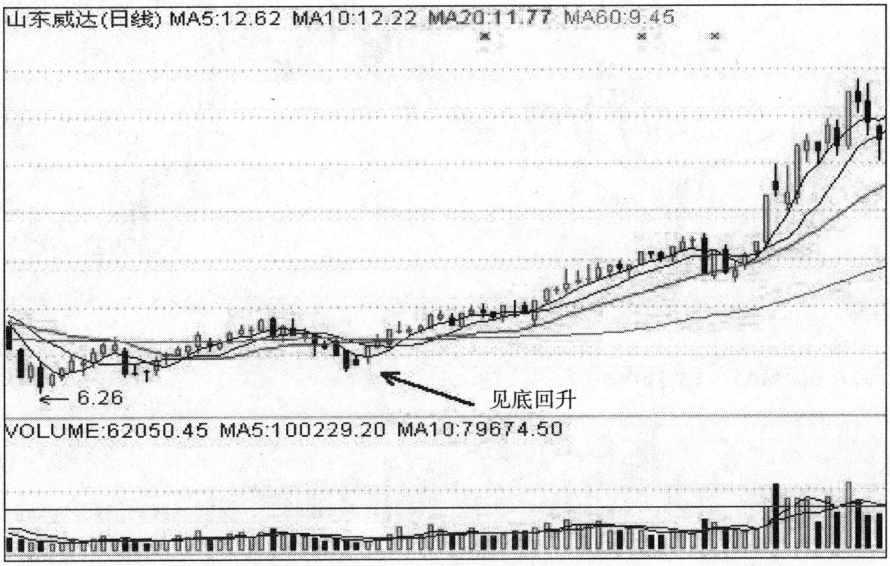

图 3–4 山东威达（002026）走势图

二、寻峰

随着大盘的回暖，个股股价在低位徘徊一定时间后，逐渐被市场认同，在人气回暖的过程中，个股在业绩支撑或其他利好消息刺激下，重新寻找价值定位。在人们普遍认同股票价值的情况下，成交量持续增加，股价不断攀升，连续创出新高，直到股价上升至一定高度，到达“天价”回落后，出现滞涨现象。这个过程就是股价的寻峰过程。

寻峰的三个阶段：狂拉后大跌，再继续上升到达峰值；多空势均力敌、基本平衡、波动不大；骤然疲软，开始连续下跌。

下面以华昌化工（002274）2009 年 9 月～2010 年 2 月走势为例进行分析：

1. 狂拉后大跌，再继续上升到达峰值

寻峰初期，股票经过一轮炒作，较低位已经有大幅上涨，此时庄家已经完全控盘，但股价距目标价位仍有些距离。股价上升过程中，某日突然大跌，但次日立即企稳回升，继续创新高上行。见图 3–5 中 A 点。

图 3–5　华昌化工（002274）走势图

2. 多空势均力敌、基本平衡、波动不大

寻峰中期，股票经过几浪涨升，创出最新高点后立即下探，上升动能已经被大量消耗，庄家此时唯一目的就是把价格稳在这里（或在这个价格区间内震荡），然后找机会出货。此时K线图型与“低位波动”的样子差不多，唯一不同的是股价在高位。见图3–5中B点。

3. 骤然疲软，开始连续下跌

寻峰末期，股价上涨但是无法达到前期最高点，多方力量已经消耗殆尽，此时庄家已经出货，不再控盘，突然一天以一个很“实在”的阴线报收（这里“实在”的意思是大多数情况出现光头光脚大阴线），随后连续阴跌。见图3–5中C点。

三、K线“急所”的特征

在K线图中，每一个K线符号均表现出市场中多空双方争执的情况，预示下一个单位时间可能到来的股价变化。而这一K线符号，可能是意味上涨阶段或下跌阶段开始的“标志性建筑”，这样的K线图形，应该称之为K线“急所”。

不要小看这单一的符号，每一个都带有重要意义。在判断K线“急所”之前，我们先来了解一下各个符号的意义。

A. 光头阳线。显示多方占主导地位，一般来说，阳线越长，多方的力量越强，今后价格上涨的可能越大。

B. 光头阴线。显示空方占主导地位，一般来讲阴线越长，空方的力量越强，今后价格下跌的可能越大。

C. 倒锥形阳线。显示多方具有优势，若上影线较长，反映出上涨所受压力较大，后市有下跌可能；若上影线较短，后市可能盘整上升。

D. 倒锥形阴线。显示空方具有优势，价格先涨后跌，后市有下跌可能。

E. 带上下影线的阳线。显示在多空争执后，多方稍占优势，但上升动力不足，后市有回调可能。

F. 带上下影线的阴线。显示在多空争执后，空方稍占优势，但下跌遇到阻力，后市有反弹可能。

G. 大十字星。多出现在行情反转之前，显示多空双方势均力敌，价格走势面临突破。若上影线较长，则向下突破可能性大；若下影线较长，向上突破可能性较大。

H. 小十字星。上下影线较短，显示多空双方入市意愿不强烈，后市多为盘整局面。

I. 锥形阳线。显示多方占据优势，若下影线较长，后市上涨可能较大。

J. 锥形阴线。显示空方占据优势，若下影线较长，后市反弹可能较大；若下影线较短，则有继续下跌可能。

K. 倒 T 形，又称“墓碑形”。显示股价上涨乏力，后市有下跌风险。

L. T 形。显示股价下跌受阻，后市有上涨可能。

由不同符号随机的组合排列形成了不同股票的 K 线趋势图，而在走势图上发现，无论是在“探底”还是“寻峰”哪一个过程和阶段，一旦有“光头大阳线”和“光头大阴线”出现，后面的走势发展都是肯定的，而且发展力度和延续性都是相当大的：即“光头大阳线”出现，多头肯定；“光头大阴线”出现，空头肯定。这里把“光头大阳线”和“光头大阴线”称之为“K 线急所”，其含义犹如围棋当中的“眼”和“筋”。

下面我们就 K 线急所之光头大阳线和光头大阴线进行分析：

1. K 线急所特征之光头大阳线

光头大阳线出现在低价区（底部），是多头完全占据优势，且庄家急于建仓的表现，此时应该大胆买入持有。即使在一两周内股价有反复，有时还会跌破均线，也应看做庄家洗筹的动作。在庄家完成建仓、洗筹后，股价必定上涨。

光头大阳线出现在上涨过程中，应看做拉升加速的开始，是庄家急于脱离成本区的表现，此时应积极逢低买入。这个阶段股价拉升最快，短期获利最丰厚。

中国医药（600056）2009 年 9 月 17 日底部大阳启动建仓，21 日创新高后，随大盘走势回落洗筹，当时很多散户认为是庄家拉高出货而纷纷出逃。可该股在 10 月 26 日季报公布业绩大幅提升后，随即拉大阳进入急拉升阶段。见图 3-6。

光头大阳线出现在高价区（大涨一个阶段以后的顶部），应该看作是多头能量完全耗尽，庄家多在高位用涨停方式吸引散户跟进，此时应逢高卖出。

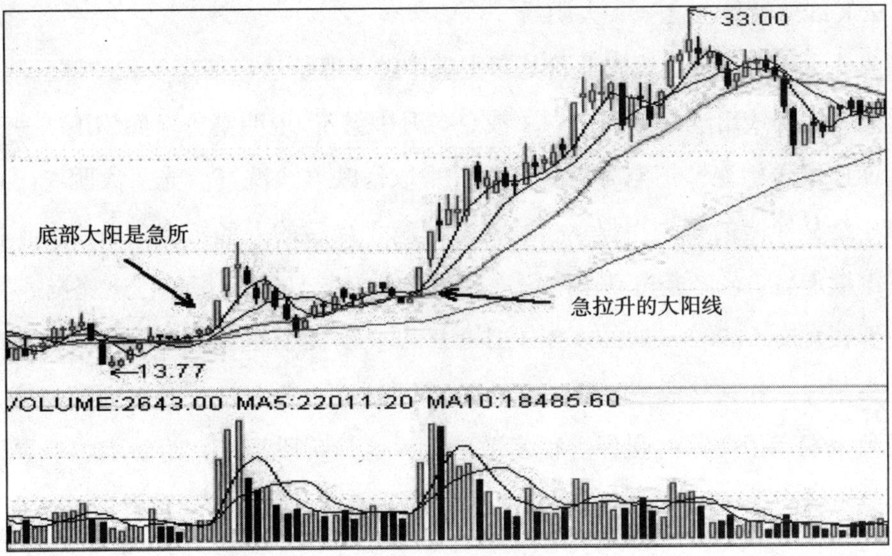

图 3-6　中国医药（600056）走势图

禾盛新材（002290）在公布年报前股价大涨，2010 年 1 月 19 日，公司公布高送配利好，当日涨停，庄家顺利派发筹码。见图 3-7。

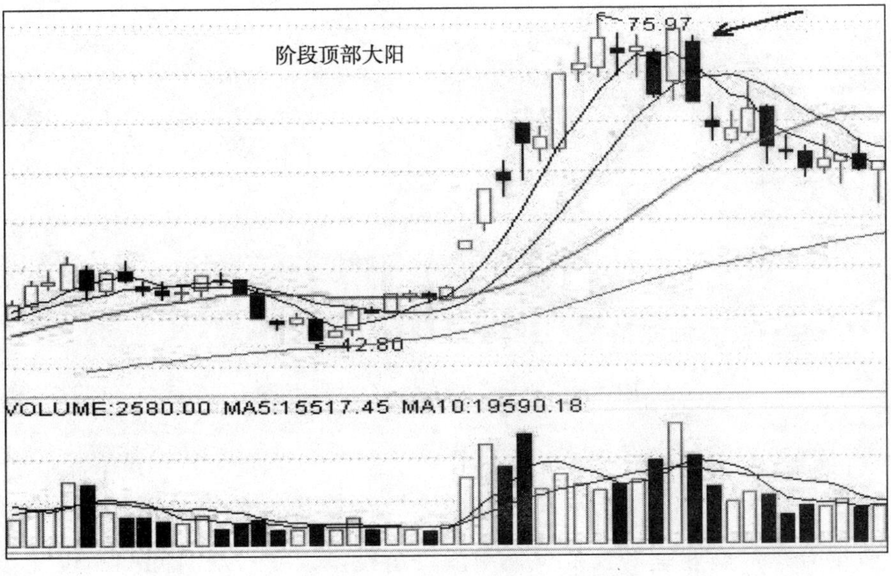

图 3-7　禾盛新材（002290）走势图

2. K 线急所特征之光头大阴线

光头大阴线一般出现在股价处于上涨中继（股价已经偏高）和顶部区域。

光头大阴线出现在上涨中继（或急拉升中继），说明空方已经积聚了一定能量，而庄家希望立即把空方能量释放，采取暴跌方式洗筹。光头大阴线出现在上涨中继是风险的第一次提示，也是短线高手最后的入场机会，股价会很快走稳并继续走高（或者经过一个阶段洗筹后继续走高），向目标价位迅速挺进。

罗顿发展（600209）2009 年 1 月 6 日和 1 月 12 日的两根放量阴线都可以看做光头阴线。和其他股票不同，1 月 6 日的阴线后，1 月 7 日开盘立即涨停，这个现象也揭示了庄家的强悍。很多散户认为这是阶段顶部，纷纷卖出股票，而少部分短线高手捕捉到了这一反常现象，逢低入场，等待急速拉升。见图 3-8。

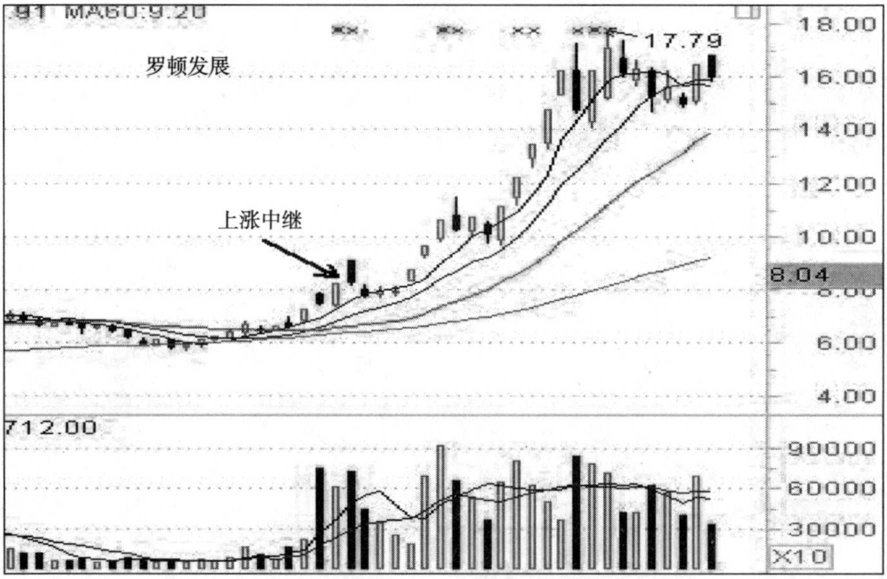

图 3-8　罗顿发展（600209）走势图

华兰生物（002007）庄家抓住“甲流”行情进行炒作，期间公司的消息面十分配合，又是业绩增长，又是甲流疫苗投产，在一段时间的高位洗筹后，2009 年 10 月 26 日高开高走，至阶段目标价位后，2009 年 11 月 3 日高开后至

70.15 元开始下跌，当日巨量收阴，以后进入漫长的洗筹阶段。至 2010 年 2 月份重拾升势，一直冲高到 79 元以上。见图 3–9。

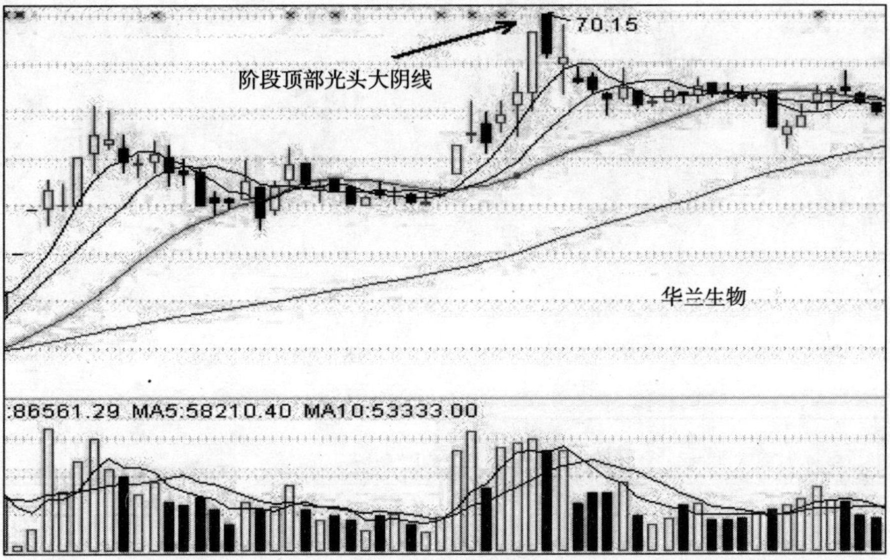

图 3–9 华兰生物（002007）走势图

光头大阴线出现在顶部，说明空方已经完全占据优势，能量开始爆发。而庄家也大肆出货，开始疯狂出逃。顶部的光头阴线是风险的最后一次提示，也是散户投资者最后高位离场的机会。

达安基因（002030）2009 年 8 月中旬到 11 月初均处在上涨寻峰阶段，不到 2 个月的时间，股价从 13 元附近涨至 18 元以上。11 月 2 日尾盘拉涨停，股价报收 19.56 元，较 13 元相比，涨幅已经在 50% 左右。11 月 3 日微微高开后，掉头向下，收出一个光头大阴线，也揭示着行情的终结，之后股价横盘后连续下挫。见图 3–10。

南京港（002040）2009 年 12 月 23 日从 8.51 元开始连续拉升，2009 年 12 月 30 日开盘后放量涨停，股价报收 10.74 元。对于 1.2 亿的流通盘而言，几个交易日内上涨 2 元实属不易，主要由于重组改制预期所致。2010 年 1 月 4 日刊登重大事项公告后，利好出尽，股价高开后下跌回落，当日收出光头大阴线，之后再无起色。见图 3–11。

图 3-10　达安基因（002030）走势图

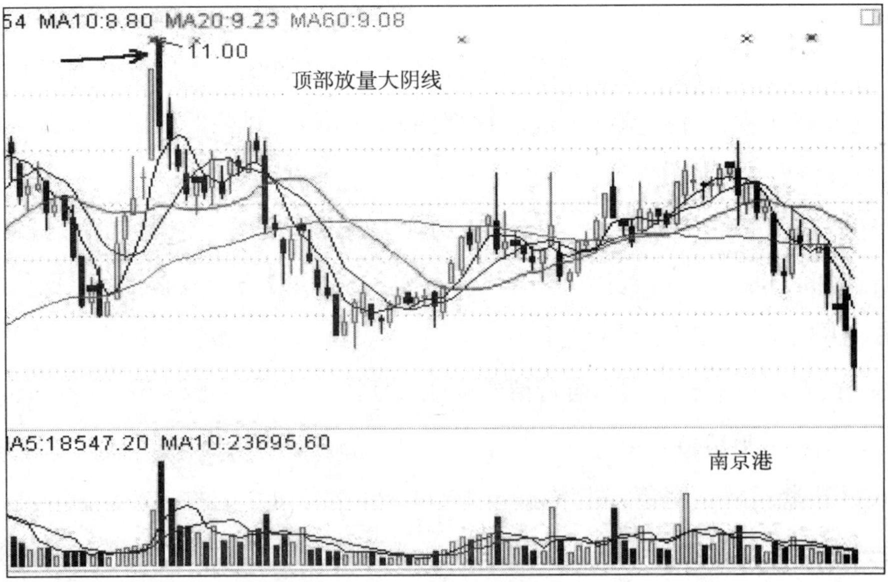

图 3-11　南京港（002040）走势图

本章小结

现在散户投资者基本都依靠炒股分析软件，普及度几乎达到了 100%，甚至有的股民为了能够盈利，不惜重金购买一些自称具备“超级功能”的股票分析软件。实际上目的都是一样，想用软件分析 K 线走势、预判股价未来发展。笔者认为，股票分析软件的基础功能就是按照每日的股价起伏自动生成各种数据和线形，所有其他能力都是根据数据和线形衍生的，都是后来的（股价发生变化后的）产物，并非先知先觉。软件的便捷显而易见，但是不能依赖软件分析来判别后市发展。现在的庄家非常狡猾，非常善于“骗线”，看似出货却在洗盘；看似洗盘却已出货；看似突破却是假的，这类现象已经发生得太多太多。股票是人在交易，人的头脑非常灵活，永远都在电脑软件之上，庄家操控股价机动性、逆转性、变化性令人无法预料，更不是某个软件可以预知的。

所以说，散户投资者必须从根本上转变思维，学会善用软件而不依赖软件，要掌握 K 线中的一些关键特征，从股价走势上判断股票运行的方向和股票运行所处的阶段，灵活进行操作，才是最佳投资策略。

第四章　从盘面现象判断庄家意图

——随势而动

所谓庄家，就是某只股票里面一个或多个能够影响股票价格的人或机构，他们持股数量较大，可以通过买入或者卖出引导市场或股价向某个方向运行。

庄家弱就是“一股力”，无论是来自多方的力还是空方的力，延续性都比较差，只短期影响股价的波动，可能一天、两天，也可能一周、两周，时间都不会很长，这一般由庄家掌握的筹码多少来决定。

庄家强就是“一个庄”，操控的延续性很强，可以长期操控一只股票的价格走势，短则几个月，长则半年或一年以上，期间庄家掌握的筹码非常多，操控的周期相对比较长。

买股票不光要看大盘走势，还要学会随庄家而动。通过盘面一些现象准确地判断庄家的意图，散户投资者就可以发挥自己资金小、机动灵活的优势，在庄家打压前卖出，在庄家拉升前买进，做到进退自如。

一、从开盘价格判断庄家意图

开盘价往往对股票一天的走势产生很大影响，也一直是散户投资者关注的重点，因此，很多庄家都会在开盘价上做文章，希望通过开盘价引导散户投资者做出判断，其结果是对庄家操控股价更有利。

1. 高开

高开即个股当日的开盘价格在昨日的收盘价格之上。比方说某只股票昨日收盘 10 元，今日开盘 10.3 元，那么这只股票就高开了 0.3 元，即高开了 3%（3 个百分点）。如果受大盘影响，只高开几分钱，可以视为平开。

当然还有另外一种情况，在大盘指数遭遇利空大幅跳空低开的时候，多数股票随之大幅低开的情况下，某只个股却平开或小幅度高开，这也应看做是明显的高开。

高开有多种形式，对待出现幅度较大的高开必须认真研究。

受市场因素影响（非庄家因素）的高开现象极难遇到。市场出现较强烈的求大于供的现象，导致股价以市场行为自然地高开，这种现象经常出现在突发性利好的时候，例如，2001年11月16日公布降低印花税，对整个市场来说是系统性利好，短期内市场有较强的买进需要，当日大多数股票明显高开，属于一种突然性利好导致的高开。

笔者认为目前股票市场大多数的高开都是庄家有意为之。

庄家有企图地高开之后股价走向有两种可能，一是高开后迅速上涨；二是高开后迅速走低。

（1）高开后迅速上涨。这种现象在股价强势拉升过程中较常见，因个股所处的不同运行阶段有不同的差异，这种有准备的高开具有鲜明的目的性，多是庄家强势拉升的开始或拉升中继。

一种情况是庄家实力很强，并在利好公布之前已有一段时间的筹码收集行为，这时应对突发性利好出现大幅高开，虽然有些匆忙，但却是短时间做出的相应正常举动。在盘面上，这种情况的股票经常高开幅度较大，但在集合竞价时对应的撮合量并不大，因为庄家有信心往上拉升，对于开盘后的走势有应变策略。这种情况并不多，如真的突然爆出重大利好，股价很多时候是大幅高开或直接“一”字涨停开盘，在几百万甚至上千万手买单前，散户投资者根本买不到。

2009年11月份，欣网视讯（600403）的庄家开始悄然吸筹，至2009年12月底这一阶段，股价出现横盘整理和温和上涨的态势。2009年12月23日至12月31日几天，股价放量上涨，庄家筹码收集的迹象更为明显。2010年1月4日停牌数天后，公司公布购买煤炭业务相关资产，公司由计算机行业涉足煤炭资源行业，这是很实在的一个大利好。2010年2月3日，该股以“一”字涨停开盘封死，之后又是两个“一”字涨停。见图4–1。

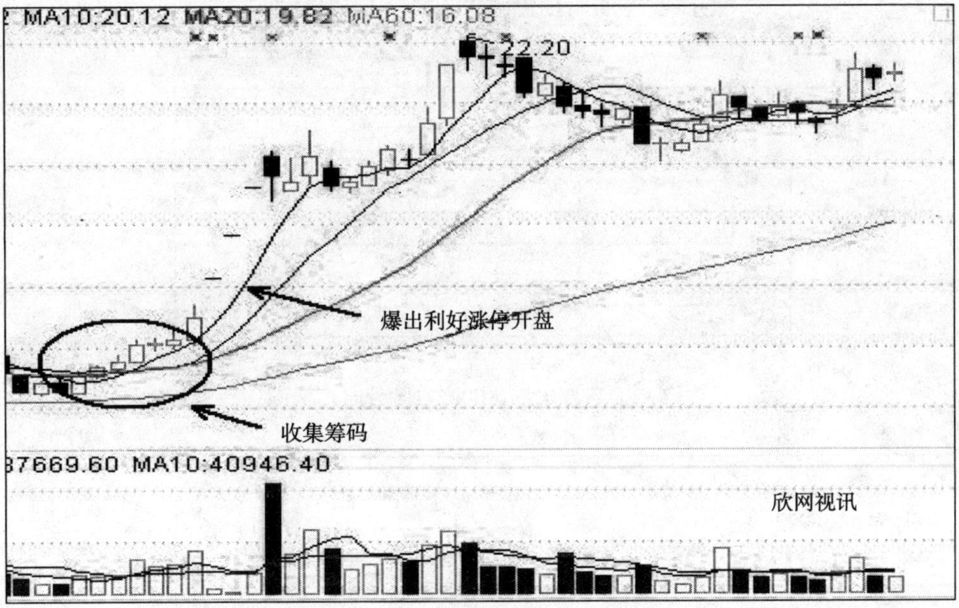

图 4-1 欣网视讯（600403）走势图

另一种情况是庄家实力很强，在成功收集筹码后，虽然当日没有利好消息，但庄家有意让股票进入快速拉升阶段，而且预知在计划的拉升期内会有利好消息公布，所以大胆拉高股价。盘面上，一般情况下高开幅度不大，但当日盘中不会跌破开盘价格，似乎是有多少卖盘都被通吃。这种情况在绩优股中比较多见。

东方雨虹（002271），流通盘 2 400 万股，2009 年半年报每股收益 0.61 元，这是个小盘绩优股且有很大的送股预期。2009 年 12 月中旬，在年报即将来临之际，股价就已经开始连续走高。2010 年 1 月 4 日开盘后高开高走，向新高进发。见图 4-2、图 4-3。

（2）高开后迅速走低。这是市场中常见的一种现象，庄家常用此方法诱多，让散户误认为股价要快速拉升，然后在高位轻松地把筹码派发出去。这类股票经常是高开幅度大，股价迅速冲高吸引散户，之后逐渐回落，且收盘价格常常跌破前一日收盘价，K 线为长上影阴线或光头阴线。这种现象出现在上涨中继，是强力洗筹；出现在阶段性顶部，是庄家出货标志。

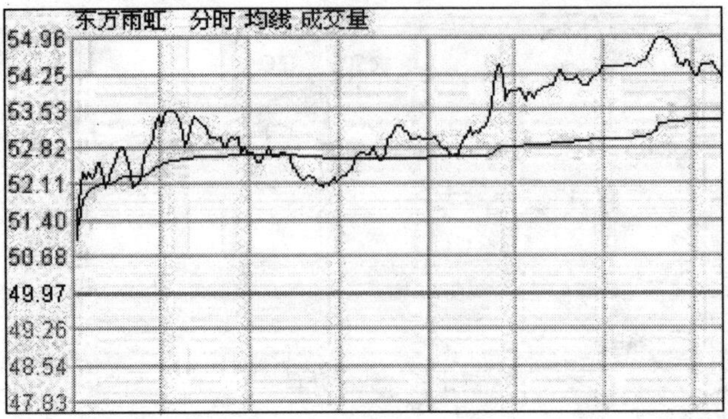

图 4–2 东方雨虹（002271）分时走势图

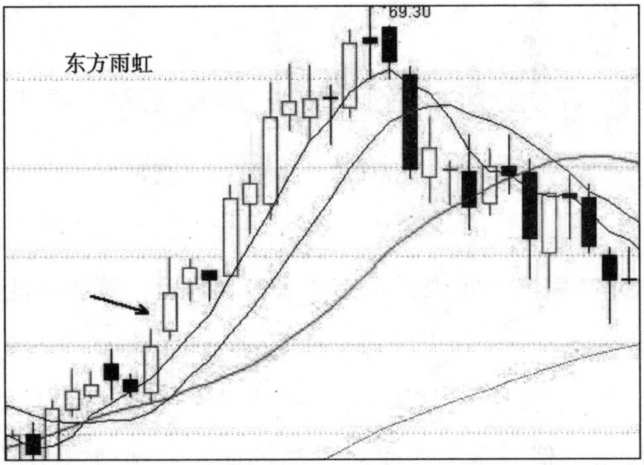

图 4–3 东方雨虹（002271）走势图

登海种业（002041）在 2009 年 12 月 4 日高开 5% 左右，之后迅速冲高回落，把早盘入市的散户完全套住，此后震荡走低，最低探至 60 日均线。由此可判断该庄家为阶段性出货。见图 4–4、图 4–5。

结论：庄家高开做盘手法很多。股价高开后迅速冲高，从分时走势图上观察，股价回落探至均线又迅速走高，或破均线后立即又上涨至新的高度，全天股价基本在均线之上，可判断为庄家进货，有拉高意图。股价高开迅速走低，从分时走势图上观察，股价跌破均线后，反弹不上穿均线，之后继续走低，全天股价在均线之下，可判断为庄家阶段性出货、短期调整或者出货。

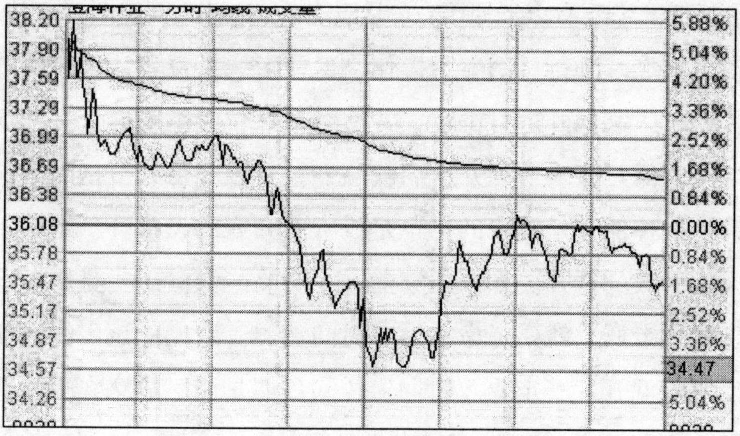

图 4-4　登海种业（002041）走势图

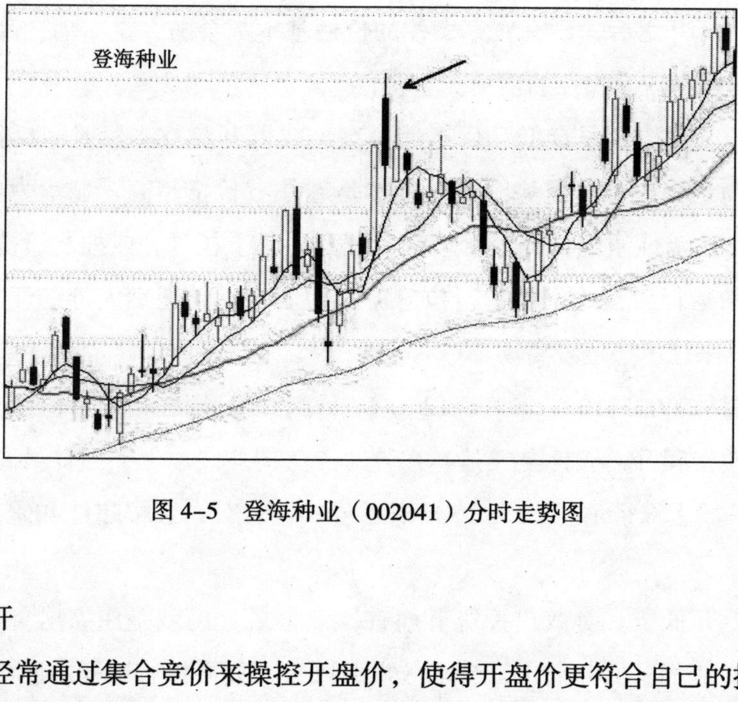

图 4-5　登海种业（002041）分时走势图

2. 低开

庄家经常通过集合竞价来操控开盘价，使得开盘价更符合自己的操控需要，低开就是其选择之一。

低开即个股当日的开盘价格低于昨日的收盘价格。比方说某只股票昨日收盘 10 元，今日开盘 9.8 元，那么这只股票就低开了 0.2 元，即低开了 2%（2 个百分点）。如果受大盘影响，只低开几分钱，可以视为平开。

股票出现低开主要有以下原因：一是没有庄家运作，开盘时随大势弱势低开。二是庄家有意为之，进行“诱空”操作，迫使短线投资者认为股价不会上涨而低价抛弃筹码。庄家低开进行洗盘，并继续在低位吸纳筹码，待洗盘结束后拉升股价，这样的低开多表现为开盘后就猛烈拉升或在低开价格附近长时间横盘运行后拉升，这种低开是健康的，也是投资者介入的良机。三是庄家前一个交易日大量出货所致的低开。如果庄家前一个交易日大量出货且分时走势图波动较大，次日低开走低，就要考虑在第一时间卖出。我们应该了解的就是这种危害最大的出货性低开，一定要及时回避风险。四是庄家故意大幅低开卖货，基本表现为下跌幅度较大，在上一交易日收盘价格下面运行时间较长，盘中拉升却又在回落过程中放出大成交量，或尾盘突然拉升再次吸引跟风盘买进。庄家经常利用投资者喜欢捡便宜的心理，大量派发。

股价在低开之后，没有庄家操控的价格基本都会随大盘而动，我们需要分析和掌握的是有庄家操控的情况。

（1）低开高走。早盘低开后迅速拉高，或低开盘整一段时间后持续拉高，都为低开高走，在分时走势图上看基本是越往右价格越高，显示为单边上扬。仔细观察，洗盘性质的低开，一般都在低开后马上拉升，或控制股价在开盘价格附近平稳运行后盘中伺机进行拉升。因为庄家不希望别人抢走便宜的筹码，只是用低开来让不坚定者离场。

东方园林（002310）2009 年 12 月 17 日到 23 日探底整理后，12 月 24 日小幅低开后缓慢爬升，股价全天基本在分时走势图均线以上，当日最高涨幅 5%，开始了新一轮上涨行情。到 1 月 13 日摸高至 149 元以上，涨幅超过 40%。见图 4–6、图 4–7。

（2）低开低走。对散户投资者而言，危害最大的就是庄家出货后的低开，这种情况一般都是低开低走，套牢散户跟风盘，如果持有这样的股票，应当立刻止损出局，因为我们不知道股价会跌多少，正所谓“新低后有新低”。这时候千万别有捡便宜的心理，只要记住“你可以大量买到的便宜货一定没什么好货”就行了。

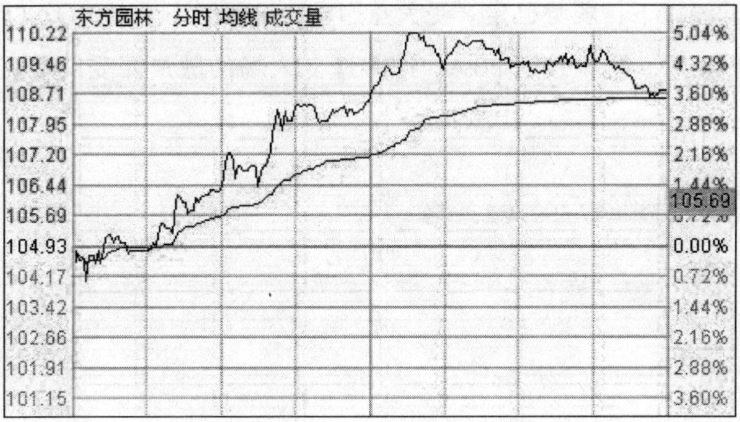

图 4–6 东方园林（002310）分时走势图

图 4–7 东方园林（002310）走势图

中联电气（002323）2010 年 1 月 15 日 K 线图上出现了一个长长的上影线，这是一个值得注意的信号，表明该股的上升面临压力。2010 年 1 月 18 日该股小幅低开，上冲没超过 15 日收盘价便开始下落，低开低走，全天股价基本在分时走势图的均线以下，弱势已定。受大盘影响，该股接下来的几天一路大跌，最低探至 33.44 元，跌幅接近 30%，许多逢低入场的散户深受其害。见图 4–8、图 4–9。

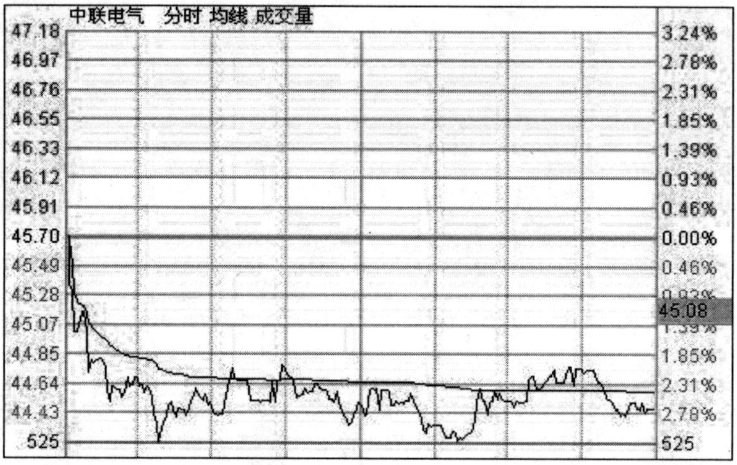

图 4–8 中联电气（002323）分时走势图

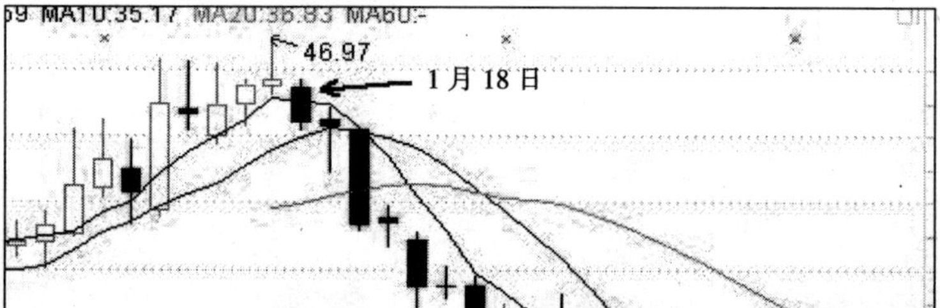

图 4–9 中联电气（002323）走势图

结论：股价低开不可怕，庄家出货才可怕。先判断大盘走势，再看个股走势处于哪个阶段，结合起来正确看待低开，准确判断低开原因。只要我们明白低开的原因，搞清楚庄家想达到的目的，就可以以不变应万变。

二、从盘面的涨停判断

涨停板制度是防止证券市场过度投机的产物，本意是防止市场过度波动，但是，涨停制度实际起了两个作用：一是在股票本身具有突然上涨 10% 以上冲击力时（比如突发重大利好消息、大盘反转），被迫在 10% 处停住，第二天由于本身的上涨要求，还要继续上涨，这是一个明显的投机机会；二是涨停板对买卖股票的双方产生明显的心理影响。股票涨停后，对本来想卖股票的人来说，他会提高心理预期，希望在更高的位置卖出，而对想买的人来说，由于买不到，也会加强看好该股的决心，不惜在更高的位置追高买进。所以，庄家常常利用涨停板的助涨作用来操纵股价。

无量的“一”字涨停板往往是因为某只股票突然公布爆炸性利好，或是庄家预知的爆炸性利好会在短期内公布。一般在形势明朗后散户投资者很难在第一时间买到这样的股票，在这里就不做分析和讨论。

另一种情况是涨停时带有巨量封单，这里的巨量一般来说要达到流通盘的 5% 以上。按时间划分，这种涨停可以分为三种类型：①一开盘就是伴有巨量封单的涨停；②开盘后快速上冲，然后巨量封住涨停；③中午收市前后上冲，然后再巨量封住涨停。

在没有任何消息的情况下，一开盘的巨量封单就只能是庄家的。庄家想告诉散户投资者：有这么多的买盘挂在涨停板上，股价要大涨。

而庄家到底是不是真的有拉升意图，要结合股票运行的阶段来分析（这里只讲观点，具体分析可见第八章）。

1. 股价在低位涨停

庄家可能处于建仓期，想做一波行情，出于抢筹目的而拉高股价至涨停，期间任散户随意抛售，庄家是来者不拒，有多少吃多少。此类涨停的个股经常是有业绩支撑，或业绩增长有预期。庄家拉高股价完成初步建仓后，短期内可能回落洗筹，反复打压再进行筹码收集。投资者对这样的涨停可以积极介入，或逢低介入。

2. 股价在高位涨停

如果股价在高位，表明庄家控制的筹码较多，同时股价也在庄家的获利区域。有时爆出巨量甚至一度打开涨停，但后来又快速用巨量封住涨停，那也只是强调了买盘巨大的虚假信息，实际上其中很大一块是庄家自己的对倒盘。因为庄家的筹码太多，所以打开涨停的目的是为了让涨停板上的部分市场买单成交，这是庄家有出货意愿的一次试探。

如果股价处于从高位回落后的回稳过程，那么表明当前市场上的筹码大多还是被套，因此庄家还要借助大量持筹的优势将股价再度推高。由于前期股价已经有过回落，表明庄家减仓不顺利，仍然会继续寻机减仓，但不一定是全身而退。投资者对这样的涨停要果断减少仓位或清仓出货。

结论：庄家喜欢用各种各样的涨停方式操纵股价，无非就是想诱惑散户投资者跟风，借助市场和散户投资者的力量推高股价，在推高股价过程中完成加速上涨或派发出货的任务。判断庄家拉涨停的意图，要从基本面、成交量和股票运行阶段等几方面进行综合分析。做出抉择后，不能优柔寡断，更不能抱有不切实际的幻想，要根据盘面情况及时跟进或尽早获利了结。

本章小结

盘面现象有很多，这里对高开、低开和涨停进行分析，是因为这三种盘面现象极具有代表性，是庄家最擅长使用的手法。散户投资者必须熟知庄家的操盘手段，不断提高自己看盘的能力，及时准确地判断庄家的意图，做到随势而动，随庄家而动，才能获取最大的收益。

第五章　揣摩成交量变化

——抓住股价涨跌本因

股票的成交量是股价起伏变化的根本动力。庄家的一举一动，市场多空双方的厮杀拼搏，都在成交量上有所显示。成交量不说谎话，真实记录和累加每笔交易。成交量作为分析股票的一个重要参数，必须认真分析对待。

一、成交量的概念理解

股票成交量为股票买卖双方达成交易的数量，是单边的。即：买方买进了10万股，同时卖方卖出10万股，计算时成交量是10万股。

股票成交量反映的是某只股票对市场的吸引程度，我们也可以理解为股票处于不同的价格区域，看多的人和看空的人在数量上产生的变化。

二、成交量的不同形态

1. 缩量

缩量是指市场成交极为清淡，大部分人对市场后期走势比较认同，意见基本一致。这里面又分两种情况：一是市场人士大多看淡后市，只有很少的人有买进股票的意愿，所以急剧缩量。二是市场人士大多对后市十分看好，愿意买股票的人多，想卖股票的人少，所以急剧缩量。

凯恩股份（002012）2010年1月初到2月初这个时间段，受大盘震荡调整影响，多方情绪不稳，空方力量逐渐增强，后市看淡，卖盘较多，成交量不断萎缩，股价持续下跌。见图5-1。

信立泰（002294）2010年3月15日公布年报后，有10送10股派10元的题材，场内资金锁定筹码，场外买盘不断，成交量不断萎缩，股价一路攀升。见图5-2。

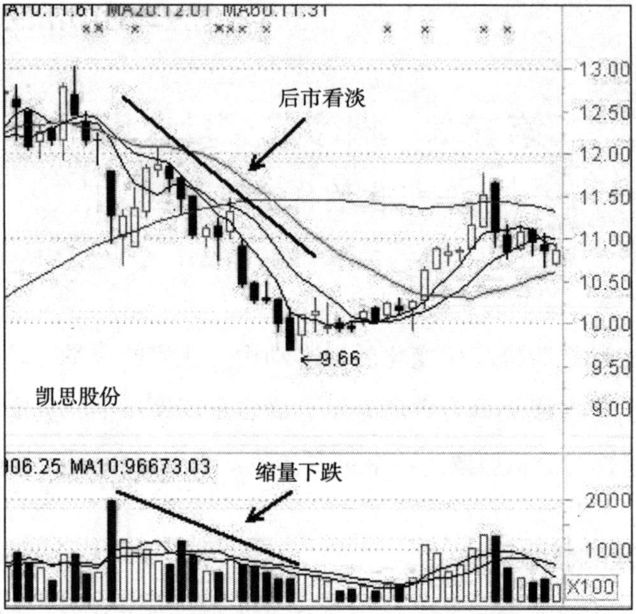

图 5-1　凯恩股份（002012）走势图

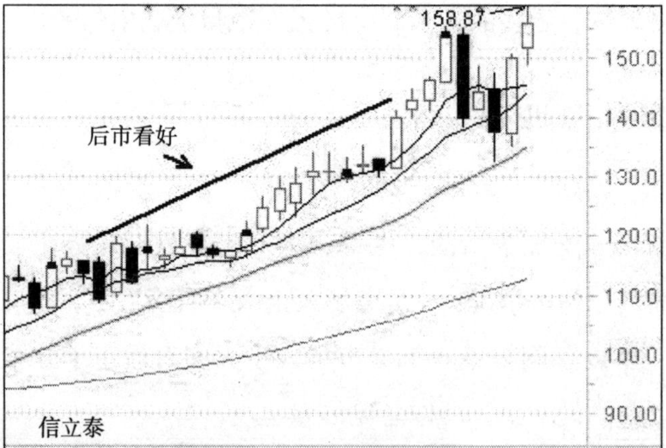

图 5-2　信立泰（002294）走势图

缩量一般发生在股价变动发展趋势的中间阶段。上涨缩量，应坚决买进，坐等获利，等股价上冲乏力，有巨量放出的时候再卖出。下跌缩量，应坚决出局，等成交量萎缩到一定程度，开始放量上攻时再买入。

2. 放量

放量一般发生在市场趋势发生转折的转折点处，市场各方力量对后市认识分歧逐渐加大，交易十分活跃，在一部分人坚决看空后市时，另一部分人却对后市坚决看好，一些人大笔抛售，而另一部分人却不停吸纳。

相对于缩量来说，放量可能存在很大的虚假成分，因为控盘庄家完全可以利用手中的筹码大手笔对敲放出天量。例如，南国置业（002305）2010 年 3 月 26 日高开放出巨量，实际是庄家对敲吸引散户入套，此后股价横盘数日后大幅下跌。见图 5–3。

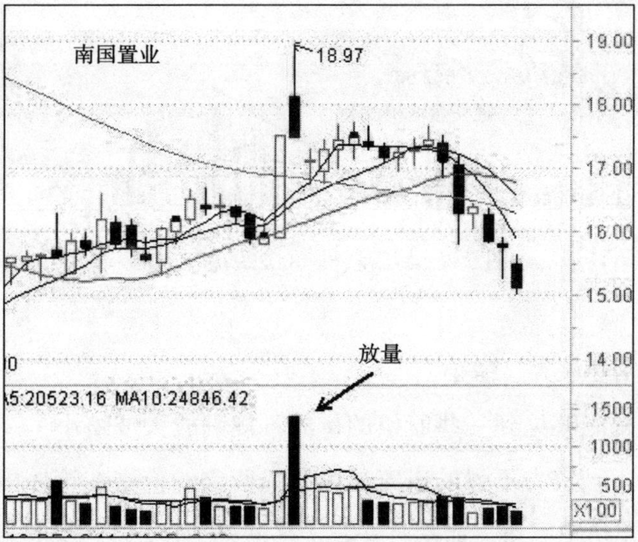

图 5–3　南国置业（002305）走势图

3. 堆量

当庄家意欲拉升股价时，常会利用散户心理把成交量做得非常漂亮。连续几日或几周，保持成交量缓慢放大，股价逐渐推高。成交量在 K 线图上看，形成了一个状似土堆的形态，一般来说，股价处于低位时，成交量堆积得越漂亮，就越可能产生大行情，相反，在高位的堆量可能表明庄家在大手笔出货。

博云新材（002297）2010年3月17后温和放量，股价持续上涨；3月23日放量大涨后，股价随着成交量堆积不断创出新高，到4月6日，股价报收34.94元。见图5-4。

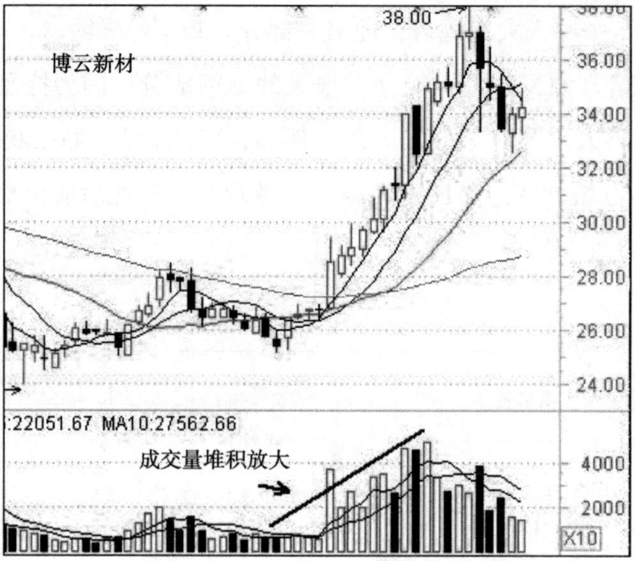

图5-4　博云新材（002297）走势图

4. 量不规则性放大、缩小

我们也时常能够见到一些股票的量能不规则放大或缩小，一般是在大盘基本平稳的前提下，实力不强的庄家操纵某只股票的价格在箱体内上蹿下跳，某日可能突然放出历史巨量，而次日又归于平静；过不了多久又和上次一样，突然放量后又没有持续的发展，此类现象经常被一些老股民形象地比喻为“抽风”。这样的股票一般没有什么后续题材可挖，不会有什么作为。

威海广泰（002111）2010年3月18日放量拉升，19日缩量下跌；4月2日放量，下一个交易日（4月6日）又缩量下跌；4月13日放量收出长上影、下影十字星，下一个交易日又缩量下跌。整个过程没有规律可循，放量后没有后续发展。见图5-5。

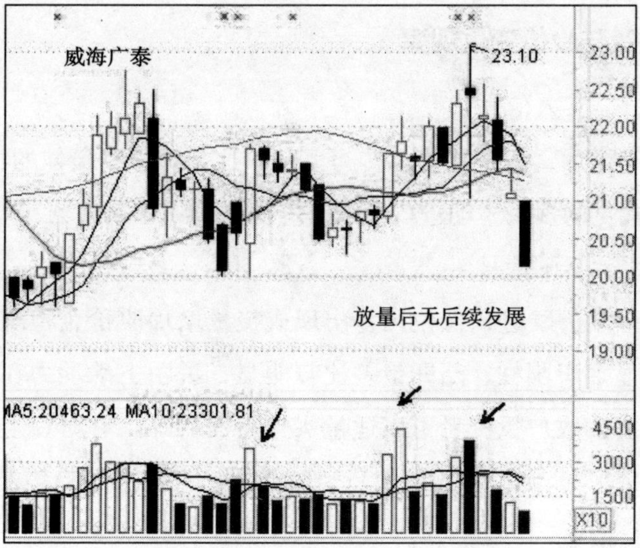

图 5-5 威海广泰（002111）走势图

三、分析成交量的意义

成交量变化是某只股票对市场吸引程度的反映。成交量越大，说明越有吸引力，价格波动幅度可能会越大。

从成交量的变化可以分析股票的压力和支持价格区域：在一个价格区域，如果成交量很大，说明这个价格区域有很大的压力或支持，趋势将在这里产生停顿或反转。

从成交量的变化可以观察股票价格走出成交密集区域的方向：当价格走出成交密集的区域，说明多空分歧得到了暂时的统一。如果向上走，上升趋势不变；反之，如果向下走，有可能是下跌趋势的开始。

成交量是影响股票价格变化的重要因素之一，也是一个可能引起本质变动的关键因素。单凭成交量并不能分析判断股价趋势的变化，必须要“成交量变化 + 股价变化”两者结合进行分析，才能做出准确判断。

四、成交量与股价变化规律

1. 量增价升，买入信号

成交量持续增加，股价趋势也转为上升，这是短中线最佳的买入信号。“量增价升”是最常见的多头主动进攻模式，应积极跟随庄家进场。

2. 量增价平，转阳信号

股价经过持续下跌进入低位区，出现成交量增加股价企稳现象，此时成交量的阳柱线明显多于阴柱，凸凹量差比较明显，说明上涨动力在不断积聚，有庄家在持续进货，散户投资者可以适量买进持股待涨。有时在上升趋势中途也会出现“量增价平”，则说明股价上行暂时受挫，只要上升趋势未破，一般整理后仍会有上涨行情。

3. 量平价升，持续买入

成交量保持等量水平，股价持续上升，说明控盘程度高，可以逢低买入，积极参与。

4. 量减价升，继续持有

成交量减少，股价仍在继续上升，适宜继续持股。这是大资金锁筹的表现，庄家筹码变化不大，盘面显示小资金短线不断参与，上涨初期和上涨中后期多出现这种情况，散户投资者可放心持股不动。

5. 量减价平，警戒信号

股价经过长期大幅上涨之后，成交量显著减少，此时股价进行横向整理，不再上升，往往是出货的信号。此阶段如果突然放出发巨量，拉出大阳线、大阴线，无论有无利好、利空消息，均应果断出局。

6. 量减价跌，卖出信号

成交量继续减少，股价趋势开始转为下降，为卖出信号。此为无量阴跌，底部遥遥无期，所谓“多头不死，跌势不止”，操作上应及时止损出局。

7. 量平价跌，继续卖出

成交量停止减少，股价急速滑落，此阶段应毫不犹豫，及早卖出。

8. 量增价跌，谨慎对待

股价经过长期大幅下跌之后，出现成交量增加，即使股价仍在下落，也要慎重对待极度恐慌的“杀跌”。如果此时股票处在低价区，增量则说明有资金接盘，后期有望形成底部或反弹，可以适当关注。若在高位行情逆转、跌势初期出现“量增价跌”，那么应该果断地清仓。

五、庄家用成交量编织的美丽谎言

虽然成交量不会说假话，但要想通过成交量来判断庄家意图和股票未来走势，必须结合当日或者后几个交易日的股价变化一起来分析。许多庄家和游资正是利用散户投资者以成交量判断走势的心理，利用“T+1”的游戏规则，设下圈套，大肆派发筹码。

这样的假象大致为两类：一是放量假突破；二是放量空中假加油。

1. 放量假突破

股票一段时期内在箱体内运行，某日再次运行至箱体顶部位置的时候，放量上涨，突破前期高点，之后继续上涨，进入更高价格的另一箱体内运行，可称之为突破。

放量假突破则是庄家的一种出货手法，股价运行到箱体顶部，某日放量大涨，散户投资者认为是庄家放量突破拉升，纷纷跟进，庄家在高位派发大量筹码后，股价迅速回落，跟进的散户投资者纷纷套牢。也可能当日放量大涨，全天在接近涨停的价位横盘放量，直至收盘，次日低开低走。另外一种情况是，当日放量涨停（中午收盘前或下午涨停），次日冲高几个点继续吸引散户投资者，随后掉头向下，把昨天的阳线吃掉大半，很多散户认为是庄家洗盘，继续逢低买进，可是股价却越来越低，因为庄家在大肆出货。

放量假突破的形态表现有多种，让散户很难判断。

西单商场（600723）2009 年 9 月 21 日下午放量涨停，突破前期高点。22 日高开将近 3%，之后放量拉升上涨 5%，最高价 11.2 元。当时正是商业和旅游板块轮动阶段，西单商场（600723）创出新高的走势让众多散户投资者认为还会涨停，纷纷追进。谁知道庄家借此机会出货，股价一路走低，下午跌幅超过

2.48%，全天换手率超过 27%。当天追进的散户投资者全部被骗，次日低开低走让散户投资者深套其中。见图 5–6。

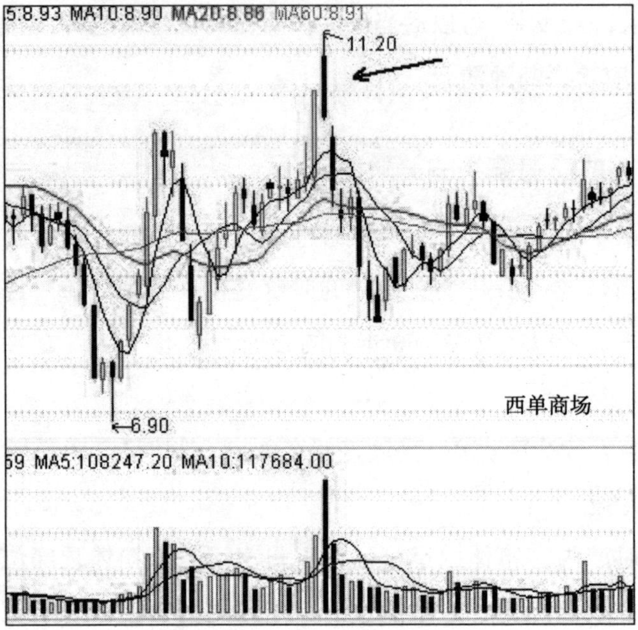

图 5–6　西单商场（600723）走势图

在 2010 年 1 月份到 2 月份之间，海南板块因国家政策倾斜而受到关注，在罗牛山（000735）和罗顿发展（600209）的带动下，海南板块十分红火。2010 年 2 月 3 日，宝商集团（000796）金针探底后，2 月 4 日开盘即封涨停，且成交量不大(就其 2 亿多股流通盘而言)。2 月 5 日大幅高开后迅速走低,成交量放大，就当时海南地域板块红火程度来看，众多散户投资者都认为宝商集团（000796）会因其已经公开的航食重组题材和海南题材而继续涨停，退一步的思考也是放量突破箱体继续向上，可庄家偏偏利用散户投资者的这一心理，大肆派发。次日继续放量收出阴十字星。之后数天内震荡整理，并无任何拉升意思。就在诱导散户投资者的过程中，庄家已经完成了出货过程。见图 5–7。

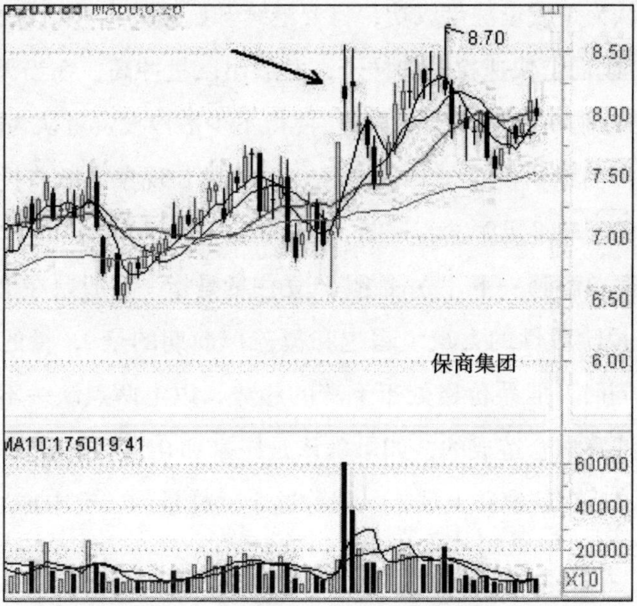

图 5-7　宝商集团（000796）走势图

一般情况下假突破当日的特征：早上开盘后上涨伴随巨量，哪怕只涨2%～3%，其成交量却是大幅放大，有时候会出现几个月、半年或1年以来的天量。股价上涨时犹豫，似乎并不急着拉升，也不怕散户投资者抢筹码，能不涨停就不涨停。伴随着很大的换手率，开盘后半小时换手率超过7%～8%，流通盘1亿股以上股票的全天换手率可以达到15%以上；流通盘几千万的小盘股全天换手率达到25%以上。盘中常见大单出货，小单拉高，不断往复使股价持续走低。

2. 放量空中假加油（假立柱量）

股票上涨了一段时间后，均线呈多头排列，某日高开，冲高回落后横盘放量，分时走势图上看，股价在均线附近波动维持至收盘。很多散户投资者认为是“空中加油”，即庄家放量高开洗盘。散户投资者纷纷跟进，期待次日高开高走，可次日股价却低开低走，或平开低走。待散户投资者明白庄家利用假空中加油而出货的时候，股价已经至少下跌5%左右。

深振业（000006）2009年11月24日放量下跌洗盘，11月25日迅速拉起，当天最高涨幅超过8%，均线呈多头排列，图形非常好看。两天的连续动作让不少散户投资者认为是放量洗盘成功，将要继续开始新的升势。11 月 26 日高开将近 2%，摆出一副向上快速拉升的样子，并放出巨量冲高，在当天大盘疲软的情况下，收盘价格控制在 25 日收盘价附近，使得不少散户投资者认为因为大盘走低，庄家拉升不成而后借机洗盘，导致出现“立柱量”现象。散户投资者看好并且纷纷跟进，而庄家却趁机派发。见图 5-8。

在这里先简单解释一下“立柱量”，立柱量是指一只股票在上升途中，在相对低位放出一根阶段性的大量（超越和覆盖掉前期的量），量的大小呈现阶段性放大趋势，同时，股票价格处于上涨的趋势，以上两点缺一不可。立柱量通常是庄家放量洗筹加仓造成的，如果确认是庄家加仓，后市表现非常值得期待。立柱量出现后，后市若疯狂上涨，一般称这个立柱量为“空中加油”。

图 5-8　深振业（000006）走势图

湘潭电化（002125）2010 年 3 月 17 日到 23 日温和放量，连收小阳线；24 日探至 10 日线掉头向上，股价当日上涨 1.09%，给人一种洗盘的感觉；25 日高开放量拉升，上涨 7%，让很多散户投资者认为是放量突破，纷纷跟进，而在股价下挫后，又给人一种“空中加油”的感觉，庄家就利用散户投资者的这种心理大举出货，当日虽然以红盘报收，但次日却大幅低开，使得众多追涨买进的散户投资者被套牢。见图 5–9。

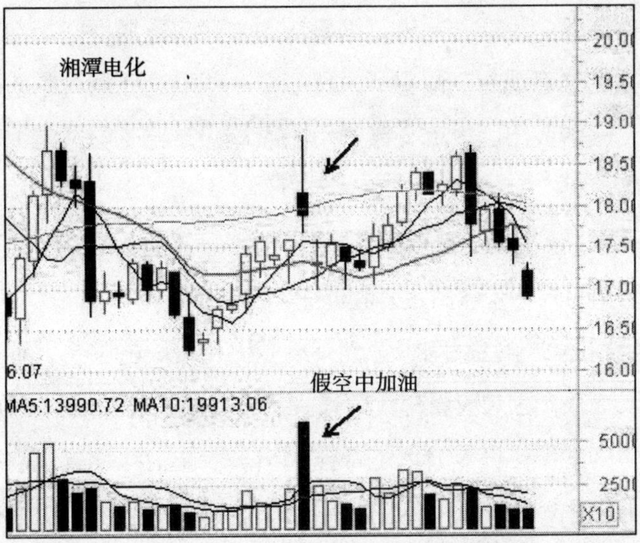

图 5–9　湘潭电化（002125）走势图

要点：空中假加油放巨量（超过几个月甚至一年中任何一个交易日的量），换手率大，庄家多出少进，散户投资者有进有出。次日如果走势犹豫，或低开低走，肯定是庄家已经出货。

多数真的空中加油放量不会很大，但也有例外（比如题材股和大牛股），换手率大，庄家多进少出，散户投资者有进有出。成功的空中加油在次日会高开高走，甚至高开后迅速拉涨停。

散户投资者要分辨真假空中加油也很困难，只有看次日股价走势。许多题材股和强庄股的空中加油可能是以涨停价开盘，之后股价回落，K 线上形成一根光头大阴线，而随后又连续上涨，不断创出新高。

本章小结

成交量是股价涨跌变化的决定性因素。成交量有它运行的规律，我们要认真研究并遵循这个规律。另外，笔者认为，在庄家横行的年月里，以成交量为第一指标的“老观念”似乎不大灵了，一些没有任何异常放量迹象的股票走得很牛，一些放出巨大成交量显示庄家积极参与的股票却给散户投资者留下太多伤痛。

仔细想一想，分析成交量指标还是要有度，不孤立、不依赖，把握好分寸，在没有最后明朗时候，别拿资金去验证庄家的伎俩。

另外，我们还要学会反向思考成交量变化和股价的关系，不一定要在大幅放量的时候介入，因为放量有真有假。要学会找到成交量的“换气口”，急剧缩量而产生的地量也许是介入的最佳时机。放量上涨冲高回落后形成地量时介入，可能会吃个鱼中段；放量换手下跌后形成地量时介入，可能会有个不错的反弹。总之，看清发展趋势，把握成交量微妙变化，选择一个最好的时机是我们的最终目的。

第六章　冲动是魔鬼

——主动避开受伤的可能

冲动是散户投资者的大忌。冲动驱使散户投资者疯狂追高、疯狂杀跌；冲动让散户投资者步入庄家设下的陷阱，刚刚跳出，却又步入另一个。在股市中，冲动是个魔鬼。

在早上开盘时间登录证券交易系统，翻开涨幅榜，你会很冲动，你发现某只股票飞快上涨，某只股票开盘后迅速冲上涨停。

打开自选股，看到红红绿绿的股票，你仍然很冲动，你关注的股票开始上涨，而上涨的却偏偏不是你持有的。

某日你发现一只带“N”字开头的新股上市，一开盘就有几个数千手的大单买入，股价一路向上，你会很冲动。

当你发现某个牛股突然大跌，较前期高点下跌超过20%的时候，股票开始走稳又继续显现向上态势的时候，你会很冲动。

每天都有太多的理由让散户投资者产生冲动，归根结底是“利润”二字。而在表面的利润下面，很可能潜伏着一个很大的陷阱，散户一旦跳进去，就会被牢牢套住。

庄家喜欢散户投资者的冲动，因为只有散户投资者冲动了，他们才能一步步抬高市场持股成本，他们才能更顺利、更多地派发筹码。

散户投资者只有不断完善自己的性格，抛弃冲动的个性，做到人性与股性的结合，才能慢慢学会炒股，并从中获利。

一、不要轻易追高

散户投资者有一个通病，喜欢注意上涨的股票，选股和买股的过程都在股票当日快速上涨过程中完成。

在一轮强劲的上涨趋势之中，众多投资者都看好后市，追涨强势股是一种快速获利的操作方式。但是，当市场出现分歧，大盘震荡调整，或当大盘处于下跌趋势中时，追高买股无异于花高价钱给自己买套。

现在很多庄家的操盘手法也十分恶毒，准备出货时他们往往把K线图画得十分好看，给散户投资者造成一种持续拉高的假象，当某日股价大幅高开的时候，散户投资者以为股票要迅速涨停，纷纷追高买入，可就在此时庄家大批量派发筹码，促使股价高开低走，最后以阴线报收，当日追进的散户投资者全部高位套牢。

追高买股票一定要看大势而定、看个股的发展阶段而定，切不可盲目冲动。

英威腾（002334）2010年2月26日到3月2日连续几根小阳线温和上涨，给人感觉是庄家吸筹，等待时机拉升股价。3月3日早盘高开高走，半小时就上涨4%，股价摸高75.29元。一些看好该股的散户投资者以为庄家要拉涨停，早盘就追高买入，可是到上午10点以后，股价就开始一路走低，到收盘时比昨日下跌0.6%，追高买入的散户投资者全部被套。见图6–1、图6–2。

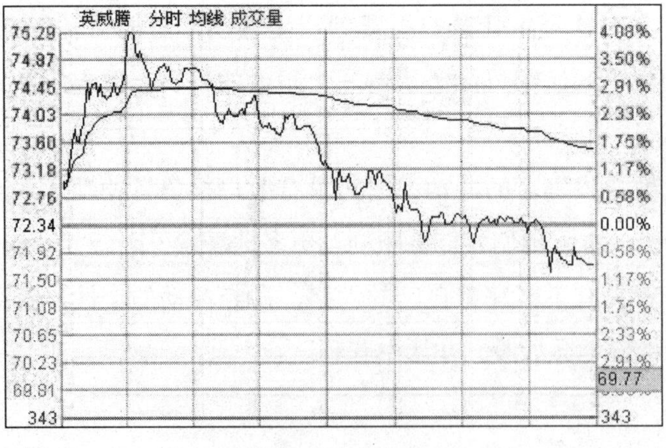

图6–1 英威腾（002334）分时走势图

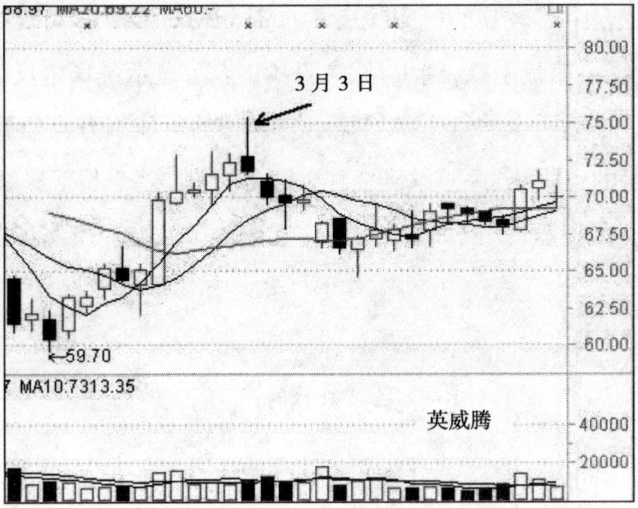

图 6-2 英威腾（002334）走势图

二、不要盲目抢反弹

一些股票的股价从高位骤然下跌，往往使得许多散户投资者有了进场抢反弹的欲望。抢反弹虽是短线迅速获利的一种方法，但是这种方法的操作难度非常大，把握不好就会严重套牢，丧失操作的主动权。

历史上虽然有过反弹最终演化为反转的先例，但出现这种情况的几率很小，往往需要市场环境的多方面因素配合才行。绝大多数报复性反弹会在某一重要位置遇阻回落，当反弹接近阻力位时，要提高警惕，踏空的投资者不能随意追涨，获利的投资者要及时获利了结。

另外，抢反弹在选股方面也很重要，不能选择有投资价值但股性迟钝的蓝筹类个股或低价的大盘指标股，要注意选择流通盘较小、股性活跃的投机类个股。同时，不能选择成交量过于稀少的冷门股，以免因为进出不方便，导致操作失误。当发现个股有短线投机的时机后，应该留意一下成交量，若成交量放大，表明庄家已经出动，这时跟进胜算较大。

如图 6-3 所示，中联电气（002323）2010 年 1 月 18 日开始下跌，到 21 日连续跌了 4 天，1 月 21 日（A 点）显示有承接盘，看来是部分投资者在进场抢反弹(与往日K线相比,较长的下影线表示有资金入场承接)。可没想到大盘不济,次日低开低走,继续缩量下跌,到1月27日(B点)显示进场抢反弹的人更多了,似乎可以介入,连续两个缩量十字星显示有逆转的可能。万没想到,2月1日又是一个相对放量的大阴线,一直跌到2月3日(C点)以一个长下影线阳线报收。A、B、C三个点都有承接盘,三次如果都进场,起码输了两次。事实证明反弹不好抢。

图6-3 中联电气(002323)走势图

华英农业(002321)2009年12月16日上市,之后股价就开始暴跌,到12月22日探至24.31元,23日开始反弹,反弹力度和强度都不大。在2010年1月6日之后又开始下跌,直到2月3日创新低后,企稳回升,此时股价已经在21元附近。你说这反弹何时抢?能不能抢?在这种下跌行情中,没有几个人可以靠抢反弹而盈利,搞不好就深套其中。见图6-4。

图 6-4　华英农业（002321）走势图

三、不要轻易买新股

一些具有良好业绩和高成长性的新股上市首日大涨后，次日会继续冲高，根本原因是众多机构看好，纷纷主动接盘建仓。但是，这样的新股很少，一般情况下只有在大盘连续走强的时候才会出现。

而另外一大部分新股却存在着严重的套现压力。一些机构在大笔申购之后，利用资金优势在上市首日早盘疯狂拉高股价，以吸引散户投资者眼球，待散户投资者追高买入后，机构趁机派发。次日这些新股往往是低开低走，套牢所有追高买入者。

作为散户投资者，对待新股的态度一定要谨慎再谨慎。

泰尔重工（002347）2010 年 1 月 28 日上市当天，开盘价 26.88 元，之后开始拉升，让很多散户投资者禁不住诱惑追高进场，上午 10 点 30 分以前，最高到达 30.43 元，之后开始一路下跌。机械制造、小盘股、相对低价格、业绩 0.58 元，诸多题材集于一身，股价应该不会跌多少，散户投资者总是用这样的理由来安慰自己。之后几天，该股一路低开低走，只用了 5 个交易日，股价最低跌到 22.82 元。面对一些新股早盘的拉升，散户真的要好好考虑考虑，尽量克制自己的冲动情绪，不然代价真的很大。见图 6-5、图 6-6。

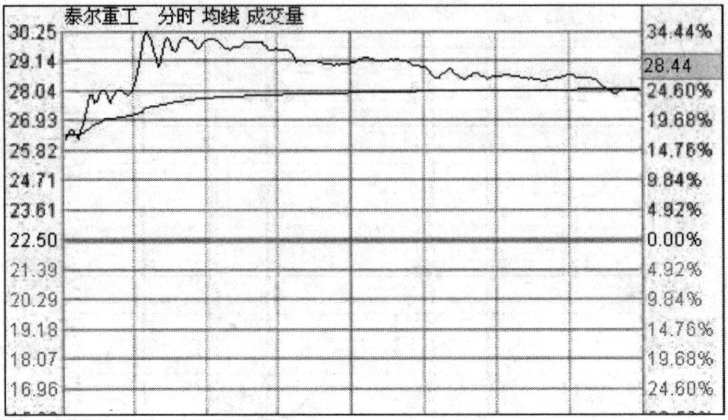

图 6–5 泰尔重工（002347）分时走势图

图 6–6 泰尔重工（002347）走势图

太极股份（002368）2010 年 3 月 12 日上市当天，开盘价 62 元，最高摸至 65 元，与其他一些高价股对比，该股 2009 年 0.83 元的每股收益让很多散户认为可以支撑住这个价格，禁不住诱惑纷纷进入。一波拉升后，卖盘不断涌现，股价随之回落，导致当天收盘时股价即跌至 60.21 元。这还不算完结，次日低开低走，接下来几天股价最低探至 51.6 元，让很多散户投资者深套其中。见图 6–7。

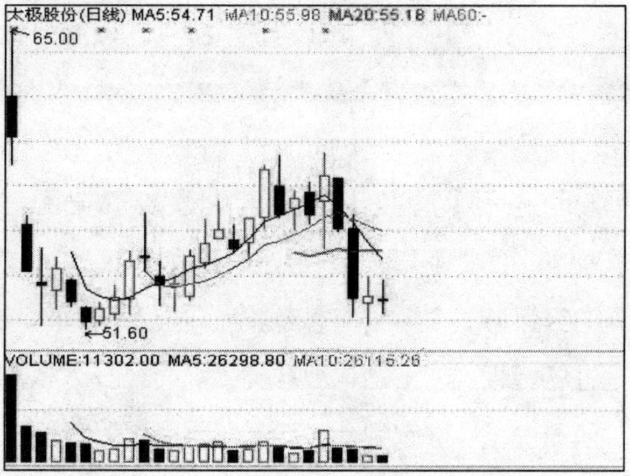

图 6–7 太极股份（002368）走势图

南洋科技（002389）2010 年 4 月 13 日上市，该股总股本 6700 万，实际流通股 1300 万，公司从事电子元器件制作，2009 年每股收益 0.83 元，与 2008 年对比净利润增长率 40.45%，也算是个绩优股。该股上市首日开盘 89 元，疯狂拉高至 96 元后一路下跌，当日以 81 元报收。最悲惨的是次日以跌停价格开盘，打开后又封死跌停板，直到收盘。上市首日买进该股的投资者，全部被套牢。见图 6–8。

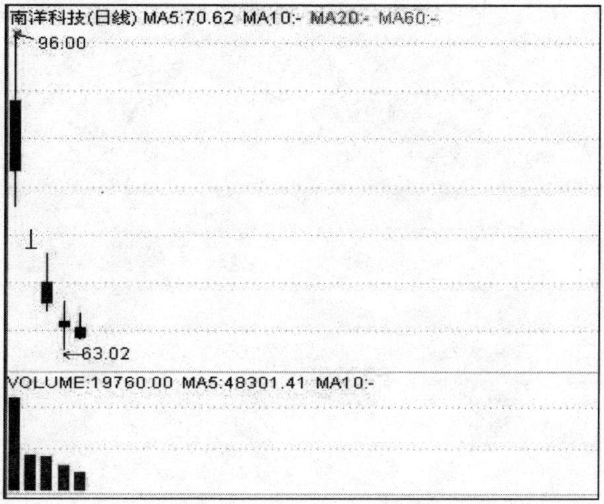

图 6–8 南洋科技（002389）走势图

本章小结

不冲动是炒股时避开风险的第一步，是炒股心态成熟的第一步。不冲动不是畏惧，不是退缩，而是偏于理性，更好地调整好自己的心态。

不冲动就是始终保持一个平和的心态。人在处于平和心态的时候做出的判断是最富有理性的，相比之下也是最准确的。而炒股最需要的就是理性思维和准确判断，所以说，能够做到不冲动就使得自己始终处于一个主动有利的位置。

第七章　炒股就要占据主动

——永远控制好仓位

因为利润诱惑，散户投资者进入股市，又因为利润的诱惑，散户投资者进入一个误区，这个误区就是——全仓买入是获利最丰厚的，这既是缺乏风险意识的表现，也是缺乏投资技巧所致。

在股市里最禁忌的就是“贪”字，因为贪婪，收益降低、风险一步步扩大；因为贪婪，散户投资者一步步走向悬崖。

“贪”是人性所在，要从根本杜绝很难，我们只能努力克制，半仓操作就是克制贪婪的第一步。

一、半仓的意义

假设你有2000元，股票价格为10元，忽略买卖手续费用。下面我们以全仓、半仓买入后，股价从10元涨到11元，再跌至9元，再涨至11元，对比其收益与亏损情况。

第一步：股价从10元涨到11元，再跌至9元

全仓买入：2 000元÷10元＝200股，剩余资金为0元。

持股成本为10元/股。

如果股价涨至11元，收益为：200×11元－2 000元＝200元

如果股价跌至9元，没有资金进行补仓，持股成本不变，亏损为：200×9元－2 000元＝－200元

半仓买入：1 000元 ÷10元＝100股，剩余资金1 000元。

如果股价涨至11元，收益为：100×11元－1 000元＝100元

如果股价跌至9元，用另外1 000元进行补仓操作，1 000元÷9元≈100股，

剩余资金 100 元。

则持股成本改变为:(100 股×10 元+100 股×9 元)÷200 股=9.5 元/股

亏损为: 200×9 元+100 元-2 000 元=-100 元

第二步: 股价从 9 元涨至 11 元

全仓买入 200 股没有变化，收益依旧为: 200×11 元-2 000 元=200 元

起初半仓买进,经过补仓后也是 200 股,收益变为:200×11 元+100 元-2 000 元=300 元

在这一股价波动过程中，两种操作比较后得出结果: 按本金 2 000 元计算，全仓操作的最大收益和最大亏损均为 10%；半仓操作的最大收益为 15%，最大亏损为 5%。

以上虽然只是理论上的算法，但揭示给我们的道理却非常深刻: 股市里利润与风险共生，在风险到来的时候必须给自己留有退路。

半仓的意义就在于留有一半以上的资金，在股票波动过程中进行高抛低吸，有效降低持股成本，最大程度地化解投资风险。

二、半仓操作策略

股市里有句名言——不要把鸡蛋放在同一个篮子里，于是有的散户投资者就分别买进几只不同的股票，认为这样就可以有效化解风险了，其实这也是个错误，只是这个错误略好于全仓一只股票。因为处在同一大盘环境之下，大盘的波动几乎影响到所有股票，受影响只是程度的区别，本质上却没太大差异。如果风险到来，也许这只股票价格跌了 1 元，另一只股票价格跌了 2 元，要解套获利仍需要等待股价涨回原处才行。

笔者认为，作为散户投资者应该专注地选好一只股票，做好一只股票。半仓操作也针对一只股票而言。当然，如果你的资金非常充裕，那另当别论。

半仓基本策略:

(1)分批建仓，且逐批递减。首次建仓可考虑用一半资金，或三分之一左右，之后看股价变化逐步以 50% 递减加仓。如首次买入 2 000 股，第二次买入 1 000 股，第三次买入 500 股。

（2）不盈利则不加仓。如10元买入，股价涨至11元处可加仓，涨至12元处继续加仓。

（3）不盈利时，注意补仓或止损。确定只是股价暂时波动的下跌，应注意及时补仓；确定庄家出货，则应及时止损出局。

（4）以“T+0”操作来降低成本。看好并打算长期持有的股票，在当天高点卖出30%左右，低点附近再买回来，以此来有效降低持股成本。如以10元成本持有2 000股，当日高点11元可卖出500股，当日低点10元买回500股。当然这需要丰富的看盘经验和操作技巧，一般投资者很难做到。

（5）股价运行至高位或运行至你自己的目标价位，视情况分批清仓，可按50%比例逐步卖出。如10元买入2 000股，涨至20元后，先卖出1 000股，涨至21元卖出500股，最后剩下的股票看情况可以一次清空。

三、巧妙运用“T+0”

1. 顺向“T+0”操作

当投资者持有一定数量被套股票后，某天该股严重超跌或低开，可以趁这个机会，买入同等数量同一股票，待其涨升到一定高度之后，将原来被套的同一品种的股票全部卖出，从而在一个交易日内实现低买高卖，获取差价利润。

当投资者持有一定数量被套股票后，即使没有严重超跌或低开，当该股在盘中表现出明显上升趋势时，可以趁这个机会，买入同等数量同一股票，待其涨升到一定高度之后，将原来被套的同一品种的股票全部卖出，从而在一个交易日内实现平买高卖，获取差价利润。

当投资者持有的股票没有被套牢，而是已经盈利的获利盘时，如果认为该股仍有上升空间，可以使用“T+0”操作。这样可以在大幅涨升的当天通过购买股票来获取收益，争取利润的最大化。

2. 逆向“T+0”操作

逆向T+0操作技巧与顺向T+0操作技巧极为相似，都是利用手中的原有股票实现盘中交易，两者唯一的区别在于：顺向T+0操作是先买后卖，逆向T+0操作是先卖后买。顺向T+0操作需要投资者手中必须持有部分现金，如果投资者满仓被套，则无法实施交易；而逆向 T+0 操作则不需要投资者持有现金，即使投资者满仓被套也可以实施交易。具体操作方法如下：

当投资者持有一定数量被套股票后，某天该股受突发利好消息刺激，股价大幅高开或急速上冲，可以趁这个机会，先将手中被套的股票卖出，待股价结束快速上涨并出现回落之后，将原来抛出的同一品种股票全部买进，从而在一个交易日内实现高卖低买，获取差价利润。

当投资者持有一定数量被套股票后，如果该股没有出现因为利好而高开的走势，当该股在盘中表现出明显下跌趋势时，可以趁这个机会，先将手中被套的股票卖出，然后在较低的价位买入同等数量的同一股票，从而在一个交易日内实现平卖低买，获取差价利润。这种方法只适合于盘中短期仍有下跌趋势的个股。对于下跌空间较大，长期下跌趋势明显的个股，仍然以止损操作为主。

当投资者持有的股票没有被套牢，而是已经盈利的获利盘时，如果股价在盘中上冲过快，也会出现正常回落走势。投资者可以趁其上冲过急时，先卖出获利股票，等待股价出现恢复性下跌时再买回。通过盘中 T+0 操作，争取利润的最大化。

3.“T+0”的时机把握

T+0 交易不能只是简单地看个股的技术面和盘口进行操作，要同时结合大盘的走势来看。

T+0 交易的时间点：开盘后 30 分钟左右，上午收盘前 30 分钟。这两个时间段一般是股价波动剧烈的时间，一般来说，配合大盘走势及成交量变化做 T+0 交易成功的概率最大。

从量能变化上寻找时机：分时走势图上量能迅速连续放大，量比呈现上升趋势，是抢盘或砸盘的动作，此时股价波动会加大，T+0 交易成功的几率也较大。

4.“T+0”要注意的问题

T+0 交易卖出最好在上午进行，这样可以给买入提供充分的时间。

T+0 交易一定要考虑大盘因素，当天大盘的走势最好是冲高回落，或者下跌，或者震荡，尽量不要在大盘上涨的时候做 T+0。

T+0 交易一定要先判断清楚庄家的意愿。有时候股价运行到阻力位，庄家会放巨量冲过。但大多数时候庄家会在阻力位附近进行震荡，要学会利用庄家的这种震荡进行T+0操盘。

T+0最好只用部分股票或者半仓操作。全仓操作如果失败，不追高买回就有可能丢掉股票，所以还是要谨慎。看错是经常的，很多散户投资者因为T+0失败反而提高了持股成本。

T+0操作不可过贪。买回的价位只要离卖出的价位有2%~3%就可以了，要记住：T+0操作的目的是降低成本，盘面情况拿不准的前提下，尽量多看少动。

本章小结

在股市中有许多散户投资者买进股票后被套牢，时间短的几个星期，时间长的几个月，更有甚者一套就是好几年，根本原因就是仓位太重，买入的时候太乐观，错误判断了股票的发展态势。如果仓位轻一些，低位补一些，可能一个反弹就可以平安脱身；如果技巧多一些，来几次T+0，可能一个反弹就可以小有盈利。所以，从风险的角度考虑，半仓的意义深刻，尤其对散户投资者这个弱势群体来说，退路十分重要。

真的不要认为半仓赚得少，在股市里不赔钱就是真正的硬道理，就是真正的胜利者。

第八章　做理性的短线高手

——追击庄家真正做多引发的涨停

现行的涨跌停板制度是1996年12月26日开始实施的，旨在保护广大投资者利益，保持市场稳定，进一步推进市场的规范化。制度规定，除上市首日之外，股票（含A、B股）、基金类证券在一个交易日内的交易价格相对上一交易日收市价格的涨跌幅度不得超过10%，超过涨跌限价的委托为无效委托。涨停板后，股票不是完全停止交易，在涨停价位或之内价格的交易仍可继续进行，直到当日收市为止。

一只股票能够涨停意味着多头动力强劲，后市可能继续展开升势；也可能是庄家有意吸引散户投资者，大肆派发筹码。

短线投资者都希望能买到当日可以涨停的股票，在利润的诱惑下，一些胆子比较大的散户投资者经常冒险追入即将涨停的股票，结果可能是要么获利丰厚，要么损失惨重。

什么样的涨停可以大胆介入呢？我们一起来分析研究。

一、庄家与涨停的关系

笔者认为：股票出现涨停板，90%以上是庄家所为。市场上很少有所有投资者一致看好的股票，庄家有拉高股价的意图时，用涨停的方式最大限度地吸引散户投资者的眼球，促使多方消灭空方、空方转换为多方，最终达到其目的。

如果拉涨停时股票本身在低位，庄家还在建仓阶段，那么结果只有两种，要么庄家继续拉高吸货，给追涨停的散户投资者获利机会；要么在涨停后迅速压低股价，在低位继续吸纳，但那样也可能被逢低买进的散户投资者抢去筹码。

如果拉涨停时股票处在高价顶部区域位置，庄家处于出货阶段，当日封死涨停之后，第二天开盘后庄家通常继续拉高，造成继续强攻的架势，引诱散户投资者追涨，自己在高点慢慢派发。另外一种情况是第二天低开低走，不给昨天追涨停板的人获利机会，极大地打击散户投资者的人气，但这种情况大多是在庄家出货后期，或是遭遇大盘利空，在庄家没有顺利出货情况下这么走，只会两败俱伤。

市场上庄家多采取两种方式：一种是封涨停时大买单迅速跟上，不让散户投资者有买进时间，散户投资者要想买进，必须眼明手快，不能有丝毫犹豫，这对散户投资者的技术水平和看盘水平要求比较高；另一种是勉强去拉涨停，但是不封死，在涨停板位置慢慢出货，即使收盘时以涨停价格报收，第二天也走不了多高。

二、从时间和趋势形态上区分涨停

1. 早盘涨停

开盘后迅速拉高封涨停，在两市所有涨停股票中名利前茅，或上午 10 点 30 分以前封死涨停的，都为早盘涨停。早盘涨停是庄家坚决做多的信号，早盘成交量放大伴随拉升涨停后急剧缩量，庄家以大单吃掉所有卖盘，期间一般不会打开涨停板。

题材股、高比例送配股等一般都采取早盘涨停方式聚集人气，展开大幅拉升。

理工监测（002322）是一个大牛股，庄家非常强悍，上市后经过几天的下跌整理，2009 年 12 月 24 日早盘 10 点 30 分前封死涨停，由此开始了一轮升势，仅仅 1 个月时间，股价几乎翻番了。见图 8–1。

卓翼科技（002369）2010 年 3 月 16 日上市，次日高开后迅速走高，并在上午 10 点前封死涨停，说明庄家做多意愿强烈。3 月 18 日、19 日整理后，连续走高，4 月 8 日最高摸至 43.66 元。见图 8–2。

2. 尾盘涨停

开盘后冲高回落，在分时走势图均线处徘徊缠绕，尾盘放量拉高涨停。或早盘涨停后，不断打开涨停，封了几次封不死，股价回调整理，直到尾盘勉强封死涨停。这类涨停不容易判断庄家意图，在低价位可能是庄家骗取筹码，在高价位可能是庄家派发出货。股价在高位处的尾盘涨停属于非强势涨停，散户投资者要谨慎对待。

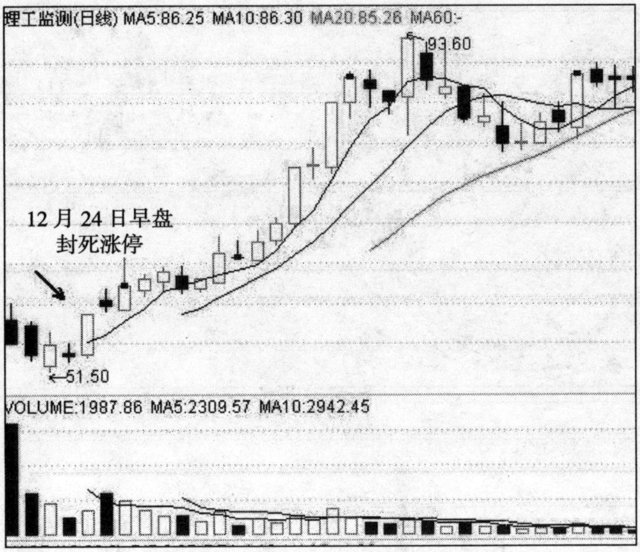

图 8-1 理工监测（002322）走势图

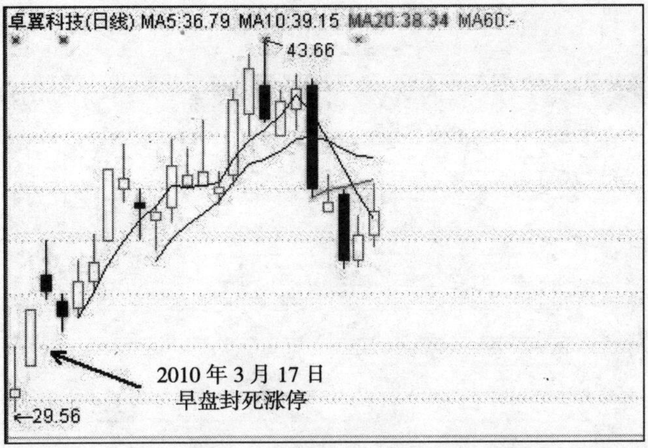

图 8-2 卓翼科技（002369）走势图

中国中期（000996）2009 年 10 月 14 日尾盘涨停是典型的骗取散户筹码的行为，此时股价已经横盘半年，期间略有波动，庄家借助股指期货即将启动的题材，决心要做一波大的行情，拉涨停不断骗取筹码，接下来的几个涨停也是此类手法。见图 8-3、图 8-4。

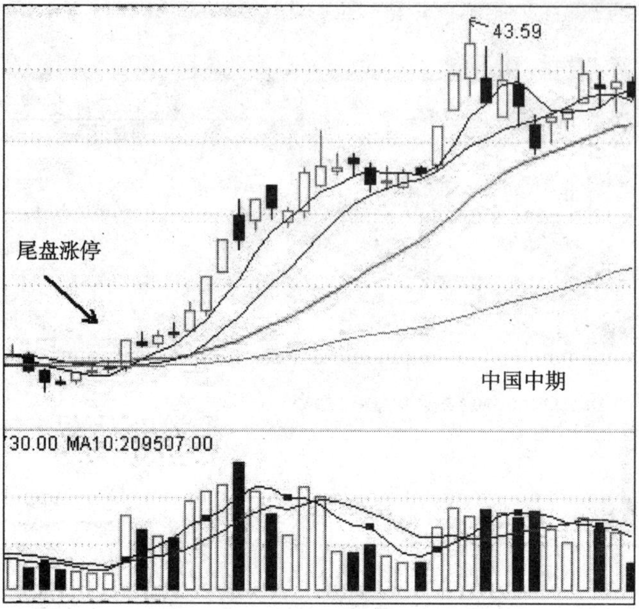

图 8-3　中国中期（000996）走势图

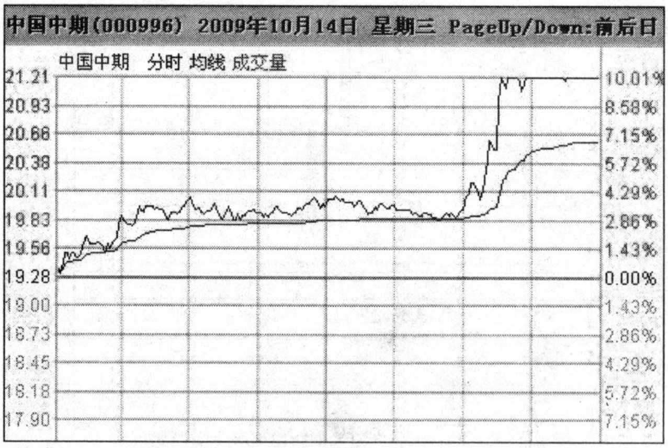

图 8-4　中国中期（000996）分时走势图

2009 年 10 月，中国中期（000996）从 18 元启动，仅用了一个月时间，股价就涨到 40 元以上，短期已经实现翻番。2009 年 11 月 16 日和 17 日，庄家还是用同样的方法拉涨停，同样是尾盘涨停，而这一次的目的则是出货。2009 年

11 月 18 日，庄家继续拉升股价，只是最后只拉高到 9.4% 就开始下落了。之后该股一直震荡下行，即便有冲高也没能超过前期高点，之前的涨停和貌似涨停不是出货又能是什么呢？见图 8–5、图 8–6、图 8–7、图 8–8。

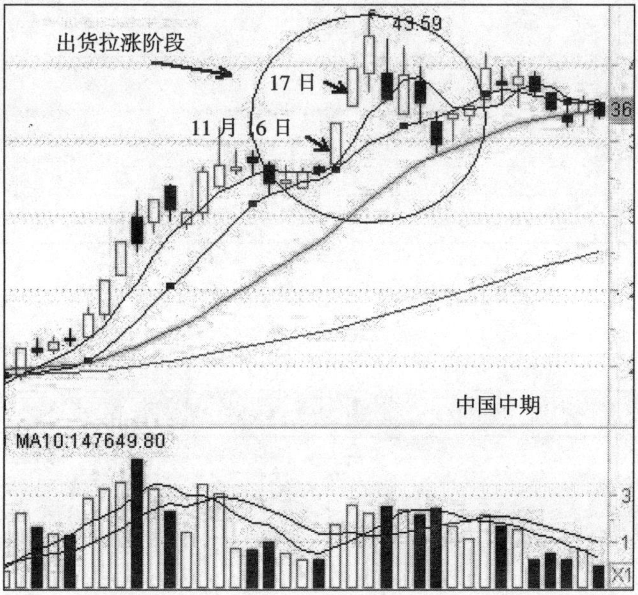

图 8–5　中国中期（000996）走势图

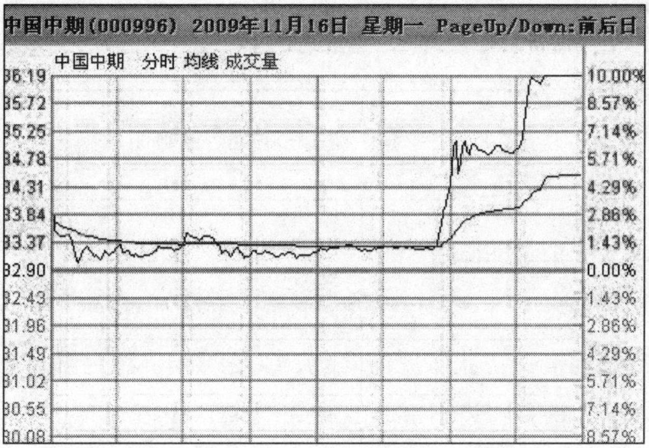

图 8–6　中国中期（000996）分时走势图

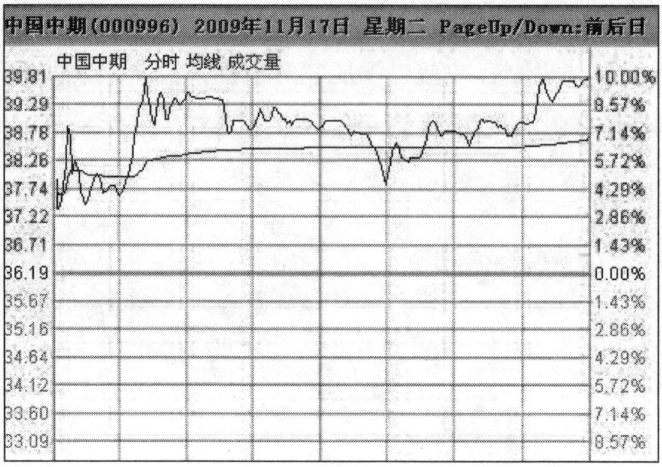

图 8-7 中国中期（000996）分时走势图

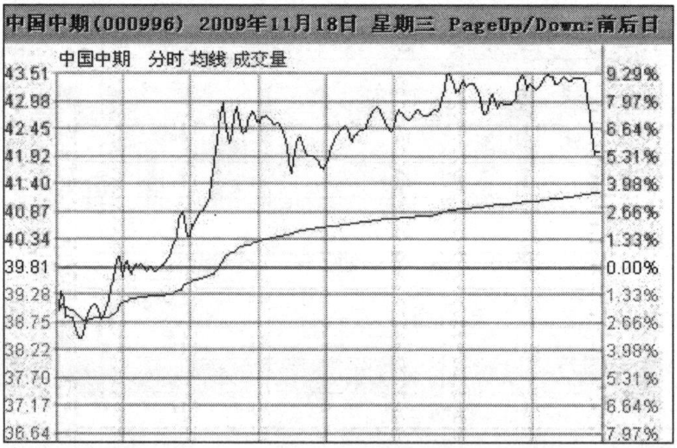

图 8-8 中国中期（000996）走势图

3. 低价位或上涨中继的涨停

低价格区域的涨停和上涨中继的涨停都是上涨加速的信号。早盘果断地涨停更能够揭示庄家不惜一切获取更多筹码；或是筹码已经足够，庄家迫不及待要使股价脱离成本区。散户投资者要认真分析盘面，逢低介入。

图 8-9 是禾盛新材（002290）2009 年 10 月至 2010 年 2 月的走势，A 点为低价位涨停，B 点为加速上涨的中继涨停，C 点则为高位派发的涨停。

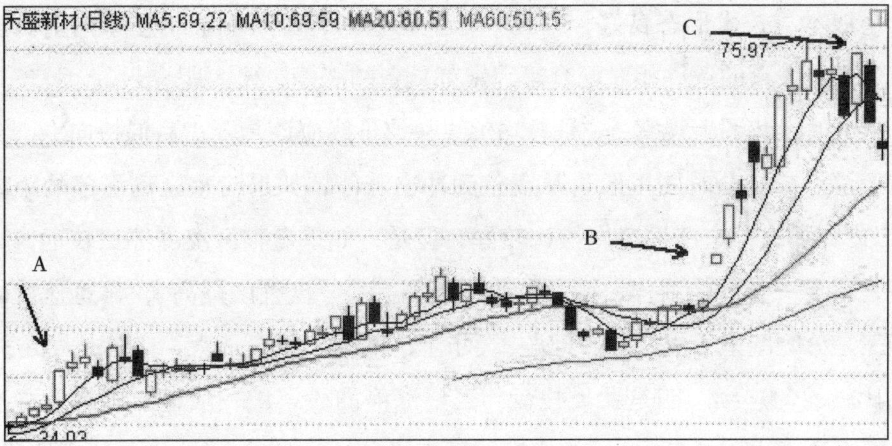

图 8-9　禾盛新材（002290）走势图

4. 高价位（头部）涨停

股票处于高价区或在高价区利好消息兑现后，突然出现放量涨停，是庄家出货的信号。出现这类涨停，一般盘面上显示拉涨停时比较犹豫，涨停多次打开，或涨停在尾盘打开。

这样的股票多是庄家在前期就知道内幕，迅速建仓并进行大幅拉升，待利好消息公布后，最后拉涨停派发筹码。见图 8-9 中的 C 点。

三、庄家真正做多引发涨停的特征

股价处于低位的上涨初期和股价上涨中继的上涨加速，这两种涨停态势都是庄家坚决做多的涨停。

其关键特征：拉涨停果断，多为早盘涨停；有成交量配合；换手率比较低；涨停封死后不再打开，且成交量急剧萎缩；K 线整体趋势形态良好；有重大利好消息被首次披露。

四、追击涨停的技巧和原则

我们必须清楚：不是所有的涨停都可以大胆追进。对 K 线技术形态不好情况下的涨停、跟风涨停、分时图情况不佳、大盘暴跌下的涨停都不应该参与。

而对个股本身技术形态良好、存在一定上扬空间、分时图显示庄家向上做盘意愿强烈以及大盘的条件相对配合等因素都具备的涨停，要大胆介入。

从分时走势图上观察：一是看均价线，均价线应该是开盘后保持向上，支持股价上涨。二是分时图里股价从盘整到冲击涨停，如果盘整区离涨停的距离在5%以内，那么冲击涨停速度快比较好，但是，如果盘整区离涨停比较远，那么最好是不要一直冲向涨停，而是冲高一下再盘整（盘整区提高），再迅速冲向涨停。三是分时图里的成交分布问题，要求上涨时成交量要放大，但是放大要适当，并且比较均匀连续。四是看委托盘，真要涨停的股票，一般显示出来的买进委托盘不会比卖出委托盘大，因为庄家的真正买盘是及时成交的，盘面上并不显示，而那种以很大的买盘托着股价慢慢上涨的，基本可以认为是庄家在出货，不能追进。

追涨停要追先涨停的股票。当日所有上涨个股中第一个封上涨停的股票最好，涨停时间最好在上午10点15分以前。因为短线跟风盘十分注意当天出现的机会，前几个涨停的股票最容易吸引短线盘的目光，并且在开盘不久就能涨停，本身也说明庄家是有计划进行拉高，基本不会受大盘当天涨跌影响。如果该股票的技术形态也不错，在看多者的推动下，涨停往往能封得很快，而且买单可以堆积很多，上午收盘前成交量就可以萎缩得很小，在下午开盘时就不会受到什么冲击，涨停封死的可能性就非常大，第二天的获利也就有了保障。

追涨停要追很长一段时间内出现的首次涨停、且换手率很小的股票。上涨初期阶段的股票第一次封涨停时，因获利盘很少，所以换手率会很小。理想情况是中盘股换手率低于5%，2 000万以下流通盘股票换手率低于10%，发动行情的龙头股换手率可能略高。获利盘越小、抛压越小，第二天的上攻余地也就相应越大。一般情况下，连续第二个或者第三个涨停不要轻易去追，因为短期内获利盘太大，抛压可能随时出现，当然在牛市里的龙头股或者有重大利好消息股可以例外。

追涨停要追有重大利好首次披露而出现涨停的股票。股价前期没有大波动或对利好有期待但涨幅不大，首次披露重大利好后，市场反映强烈，拉涨停比较果断。这样的股票一旦涨停，继续上攻的力量就很强，后市机会很大；即使股价事先已经反映了这个利好，如果大盘条件比较好，往往也会继续上攻，这时只要股票形态好、分时图漂亮，也有很大的获利机会。

追涨停要追掀起行情的龙头股。龙头股不仅容易吸引短线盘，还可以吸引中线盘，再加上股评人士一顿吹捧，往往能够在涨停后出现继续高开高走的强劲走势。比如2009年的莱茵生物（002166）、华兰生物（002007）；2010年的罗顿发展（600209）、罗牛山（000735）等。

本章小结

追涨停要求散户投资者具备丰富的看盘经验，果断思维，准确判断。而在确定庄家真正做多的涨停面前，散户投资者一定要大胆介入。

对普通投资者来说，追涨停的风险很大，尤其不要被庄家高开冲高制造的虚假涨停气氛所迷惑，如果你认为后市上涨空间大，有必要追，可以在快要封上涨停的时候追进，这样虽然在当天没有利润可言，但第二天继续上冲的动力会让你小有收获。

追涨停是短线高手做的事情，对于普通的散户投资者，对于一个正在学习正在成熟的散户投资者来说，还是要谨慎再谨慎。真的要尝试的话，一定要有大盘健康的走势配合，一定要有充裕的后备资金，一定要有良好的心理素质，如果这些你都具备，那就追吧，希望你在追涨停中获利丰厚。

第九章　波段操作的最佳选择

——专注做好一只股票

每一轮行情都有主峰和主谷，峰顶是卖出的机会，谷底是买入的机会。

相对而言，对于大盘的波段高点和低点比较容易把握。对于个股，我们必须仔细研判，以确定个股的价值区域，当股价远高于价值区域后，市场会出现回调的压力，这时候应该及时卖出；当股价进入价值低估区域后，再从低位买入，耐心持有，等待机会。

通俗地讲，在阶段性的谷底介入，阶段性的峰顶卖出后，耐心等待阶段谷底出现再操作，这样的方法就是波段操作。

波段操作虽然不是赚钱最多的方式，但始终是一种成功率比较高的方式。这种灵活应变的操作方式还可以有效回避市场风险，保存资金实力和培养市场感觉。

一、波段操作需要坚持的原则

1. 把握季节，逢低介入

首先判断大盘是否处于春夏季节，春夏两季节大盘处于反复筑底和逐步回暖升温过程中，这时候个股价格普遍偏低，而散户投资者的信心又不十分坚定，稍有风吹草动便会出现恐慌性的抛盘。作为一个理智的投资者此时应该坚定入市，逢低买入。

2. 把握板块，精选个股

在一波大的行情中，经常会出现板块轮动效应，市场上各种板块此起彼伏，经久不衰，因此择机介入新崛起的板块概念股，是获取短期收益的好方法。当该板块人气逐步回落时，再寻找下一个板块。

3. 把握利润，逢高卖出

波段操作就是赚取某只股票在一定时间内的高价与低价之差。市场的机会总是提供给那些反应敏捷、判断正确的投资者，提供给那些善于把握好波段的人。在大盘尚未连续放量上攻时，个股操作逢“顶背离”卖出是较理性的抉择。

4. 把握趋势，控制仓位

在大盘弱势的时候，要聪明地学会当“看客”，或者拿出20%的资金去勇敢地当“游击队员”。在大盘平衡震荡的时候，仓位应该控制在50%以下。当大盘走强的时候，仓位可增加至50%以上。无论大盘怎样，都不能满仓。

二、波段操作的买入技巧

大盘在构筑底部区域时，个股成交量太小或出现地量时，均不是最佳的买入时机，因为这说明该股目前价位对外围资金仍没有吸引力，还不能确认已经止跌企稳。即使大盘出现一轮上升行情，这类个股也会因为缺乏主流资金的入驻而制约上涨空间和上涨速率。因此，在底部区域选股时要选择在前期曾经出现过地量，随着股价的下跌，目前量能正处于温和放大过程中的个股。

我们在底部区域的买入不必追求买到最低价或拐点位，只要能买到相对低位就是成功。

买入时应选择经历过一段时间的深幅下调后，价格远离30日平均线、乖离率偏差较大的个股，其价格要远远低于历史成交密集区和近期的套牢盘成交密集区。

在阶段性底部区域买入时要注意：股评人士反复强调的底部和大多数投资者都认可的底部往往只是一处阶段性底部，这时不要重仓介入，而且还要注意及时获利了结。只有在股评人士已经不敢轻易言底和大多数投资者都不敢抄底时，真正适合于战略性建仓的底部才会来临。

三、波段操作的卖出技巧

在股市中有这样一种说法，会买是徒弟，会卖是师傅。在波段操作中，掌握卖的技巧更加重要，它最终决定操作的成功与否。

在波段空间套利的卖出操作需要注意以下几方面：

1. 根据事先制定的止损标准和盈利目标卖出

波段操作可长可短。要根据市场的变化不断修正止损标准和盈利目标，首先不能把盈利目标定得过高，当波段操作中的账面收益达到盈利目标时，要克服贪心，坚决落袋为安；当个股股价达到止损位时，果断清仓出局。

2. 利好兑现就出货

如果遇到突发利好消息出台，先趁大盘瞬间上冲之机逢高卖出，然后，静待大盘企稳之时，再根据市场的背景和环境对大盘趋势作出认真细致的研判，依据研判的结果，选择下一步的操作动向，这是较为稳健的波段操作方法。

3. 大盘或个股上冲速率过快时，要及时获利了结

在基本面没有大的改观以前，市场往往不具备大幅走高的能力，如果大盘短期内上冲过快，常常会促使反弹行情一步到位，在缺乏后续上攻动能支撑的同时，又将面临短线获利盘和解套盘的双重压力，大盘和个股必然会出现滞涨或走出回落行情。因此，散户投资者遇到大盘上冲过快时，短线应考虑逢高卖出。

四、在一只股票上做波段，收益是最大的

一些投资者的理想是在这只股票的低点进入、高点卖出，再从下一只股票的低点进入、高点卖出。这也是最理想式的波段操作。理论上来说，这是有可能的，但现实中几乎没人可以做到。投资者不是神仙，不可能每次都能精确地预测股价的高点和低点。

只有很少的股票走势是脱离大盘的。一只股票从低点到高点的发展变化过程中，前提环境是大盘在发生变化，从而带动所有股票价格的变化。说白一点，假设大盘上涨了 500 点，这只股票从 9 元涨到 12 元，那只股票可能从 6 元涨到 8 元，而另外一只股票可能从 15 元涨到 20 元，各个股票的底部台阶基本上是随大盘上涨同步提高的。所以说，你把 9 元买到的股票在 12 元卖出，再想去抄另一个股票 6 元的底，很难实现。

很多投资者因为观念的错误，在一波行情中频繁换股，往往是在这只股票上刚刚赚了点钱，又赔到了另一只股票上。现实情况可能是你买的股票调整快

结束了，其他的股票此时正需要调整，而且调整刚刚开始，这样的结果导致你主观上想做的波段操作反而成了削减利润、扩大风险的行为。最后到行情结束时算一算，频繁换股可能让你并没有多少进账，反而可能出现小幅亏损。

从规避风险的角度，笔者认为：专注地在一只股票上做波段，收益是最大的。波段操作的最佳选择就是做好一只股票。

简单明了的流程为：

（1）在大盘底部回暖的时候，选股买入。注意要选择业绩好、成长性好的小盘股，在大势稳定的前提下，小盘绩优股走势经常领先大盘。

（2）持股待涨。克制自己的欲望，耐住寂寞才有收获，每天涨幅榜上都有好股票（也有假大涨、真套人的股票），要相信你所选的股票有一天也会排到涨幅榜前列。

（3）逢高减仓，逢低买回。股票累积了一定的涨幅后，成交量迅速放大，伴有大阳线出现，成交密集，且换手率超过 10%，面临很大的调整压力的时候，要果断减仓，等待阶段性调整结束后继续买回股票。这个阶段不好把握，心理上不要抱有幻想，不经过调整股价一路向上的股票非常少，我们要尊重客观规律，不要期待小概率的幸运事件降临到自己头上。减仓后不要迅速买回，调整可能是几天，也可能是几周，要认真分析大盘形势和股票的成交量等因素。一般情况下，放量冲高回落后出现了地量，可能意味调整的结束，这时候可以分批买回。

（4）高位及时获利了结。大盘运行至高位，市场上个股市盈率普遍很高，盘面经常出现高位震荡的情况，此时应果断清仓了结，保持空仓。

（5）等待大盘寻底后继续介入。一波行情过后，大盘肯定要震荡下行寻底，观察你曾经卖出的股票，待回归到价值区域再行介入。

本章小结

如果把波段操作专注地运用于某一只股票，那么它就好比一个整体工程，一个长时间的工程，一个从股票底部慢慢向顶部建设发展的工程。建设到顶部，工程顺利结束，那么从顶部到底部回落的过程就必须全面休息，否则就是连续作战了，就不叫波段了。波段就是只做阶段性底部到顶部上涨过程这一段。

散户投资者常犯一个通病，这个通病也是致命的错误，就是资金永远不会闲置，手里永远都握有股票，无论是大盘上涨还是下跌寻底过程中。这实际上严重违背了波段规律，也为亏损埋下了种子。股市里的钱难挣，根本原因就在于此。

在一波行情结束后，学会让资金休息、让自己休息，伴随大盘和股票的调整，给自己一段时间去修整，才能真正体会波段操作带来的益处。

第十章　股价剧烈震荡时卖出

——90% 是正确的

震荡是指股价在某个区间内进行反复整理、上下波动。庄家借助震荡来进行洗盘、震仓以及修复 K 线图形，目的是为下一步运作做好先期准备，这是庄家惯用的一种操盘手法。

股价的剧烈震荡只有两种可能：一是洗盘，二是出货。

股价剧烈震荡时就可以考虑卖出，如果是洗盘，可以在低位买回，即使赚不到差价，也可逢低继续介入；如果是出货，利润被最大限度地保留，手里充裕的现金可以去寻找其他股票的投资机会。

所以，股价剧烈震荡的时候不要犹豫，更不要有任何舍不得，果断卖出才是上策。

一、何为剧烈震荡

剧烈震荡是指从 K 线图上看，某日无论是以阳线还是阴线收盘，都带有长长的上影线和下影线。分时走势图上看，除去涨停和跌停的情况，当日上下震荡幅度大，盘中最高价格和最低价格相差甚远，而收盘价格与开盘价格距离较近。这样的情况下，我们把最高价格与最低价格之间幅度超过 4% 以上都可看做剧烈震荡。

英威腾（002334）在 2010 年 1 月 20 日股价大幅震荡，普利特（002324）在 2010 年 1 月 22 日股价也是大幅震荡，两只股票在震荡后都大幅下跌。见图 10–1、图 10–2、图 10–3、图 10–4。

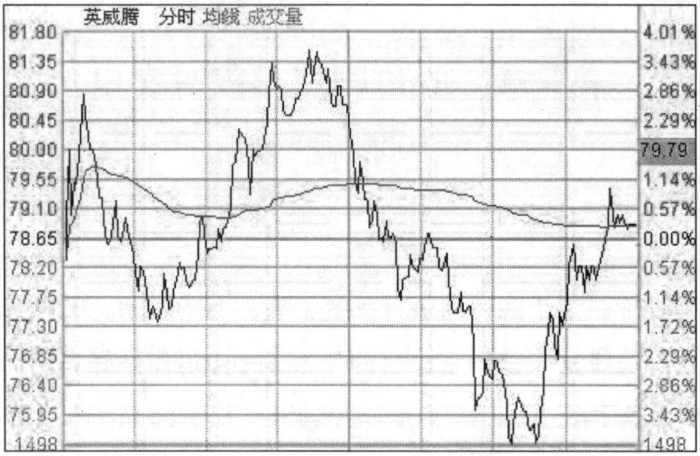

图 10–1 英威腾（002334）分时走势图

图 10–2 英威腾（002334）走势图

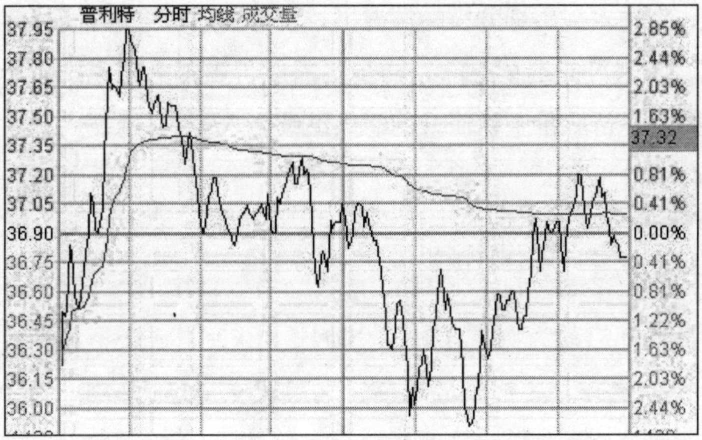

图 10-3 普利特（002324）分时走势图

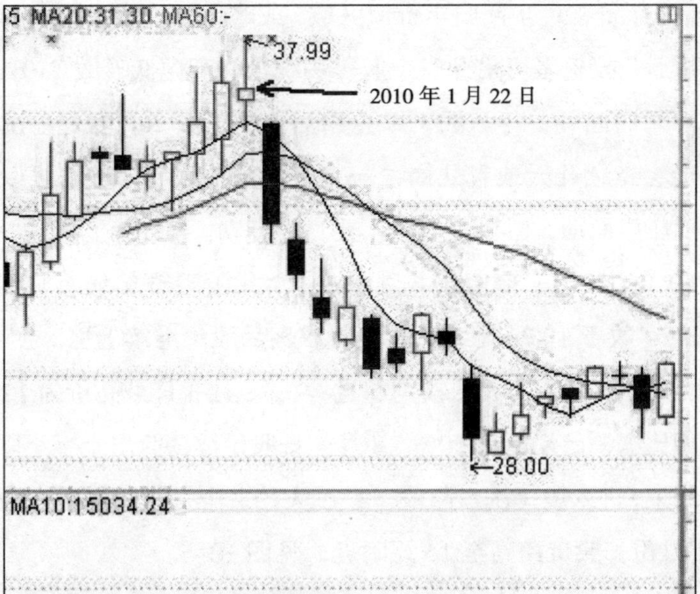

图 10-4 普利特（002324）走势图

遇到股价剧烈震荡，应该在认真分析后及时采取措施。如果股价已经涨幅过大，且处在历史高位，达到了事先设定的目标价位，可以果断清仓出货；在大盘极度疲软、市场多空出现分歧的情况下，也要及时减仓或者清仓；如果股票处在底部区域，未来可能继续上涨，初步判断股价震荡为庄家洗盘行为，可以根据实际情况减仓，待股价企稳回升的时候继续介入。

二、剧烈震荡分类识别

1. 阶段顶部的震荡

以股价从底部启动为例，经过一个阶段上涨后，成交量温和放大，并开始堆积，股价快速拉升之后，放量震荡，之后成交量迅速缩小，股价逐步企稳。一般情况下，股价放量创阶段新高后又迅速回落，是阶段顶部震荡开始的特征，此阶段可以理解为洗盘，或者理解为建仓期的震荡。

结合大形势看，此时大盘多处在上涨过程中，并且各个板块股票轮动，多头气氛不减，股票价格逐步回归至价值区域，或略高于价值区域，整体风险很小。

认真分析后，投资者可借此时个股震荡洗盘，高抛低吸做 T+0，不断降低持股成本。也可暂时离场，等该股下跌企稳后再低价介入。要记住洗盘是有过程的运动，可能会持续几天或者几周，一定要保持住耐心，坚信可以在低位买回股票，要紧随庄家而动，时机不成熟不要盲目冲动。

传化股份（002010）2009 年 6 月份从 7.7 元附近开始缓慢放量拉升，7 月 22 日放量涨停，收于 10.78 元，经过短暂震荡后股价继续上涨。在 7 月 31 日和 8 月 3 日连续放量大涨，两天涨幅均超过 6%，8 月 3 日最高价为 12.36 元，与 6 月初的股价相比涨幅已经超过 50%。8 月 4 日股价震荡收出十字小阳线，标志着阶段行情的结束，进入震荡洗盘阶段。经过大约 2 个月时间整理，股价继续向上，到 2010 年 1 月份，股价摸高至 16 元附近。见图 10–5。

横店东磁（002056）在 2010 年 2 月 8 日探至 13.13 元低位后，股价缓慢回升走高，2 月 22 日后均线逐步走好，且温和放量拉升。3 月 3 日，该股高开高走，当日涨幅超过 5%，收盘价为 15.45 元。3 月 4 日放量拉高摸至 16.12 元，之后股价向下，呈现明显的震荡特征，收盘时下跌 1.6%；3 月 5 日报收十字星。两天的震荡后，连续缩量下跌洗盘，直至 3 月 16 日重拾升势，向 17 元方向继续挺进。见图 10–6。

图 10–5 传化股份（002010）走势图

图 10–6 横店东磁（002056）走势图

2. 行情顶部的震荡

股票已经有了大幅度的上涨，而且可能创出历史新高，距离底部价格已经十分遥远，经过几次波浪式的成交量堆积，股价位于高位而成交量已经明显减少，这样的情况下股价时而放量拉高、时而缩量阴跌，可以判断为庄家震荡出货。

结合大形势看，大盘已经上涨了很大幅度，板块轮动效应不断减弱，空方气氛逐渐形成，股票价格普遍高于价值区域，或远远高于价值区域，整体风险很大。

此时应及时清仓，即便没有获利也要逢高退出，以免阴跌情况出现后，亏损不断扩大。

世联地产（002285）从 2009 年 8 月底上市后最低 25 元附近开始走牛，一直涨到 11 月 26 日的 70 元附近，仅仅 3 个月时间，股价涨了接近两番。11 月 26 日，股价冲高后迅速走低，11 月 30 日震荡摸至 20 日均线后再放量冲高到 69 元附近，12 月 2 日和 12 月 3 日继续震荡。连续几次的震荡已经显现庄家意图，股价已经翻了两番，庄家难道还不撤退吗？见图 10–7。

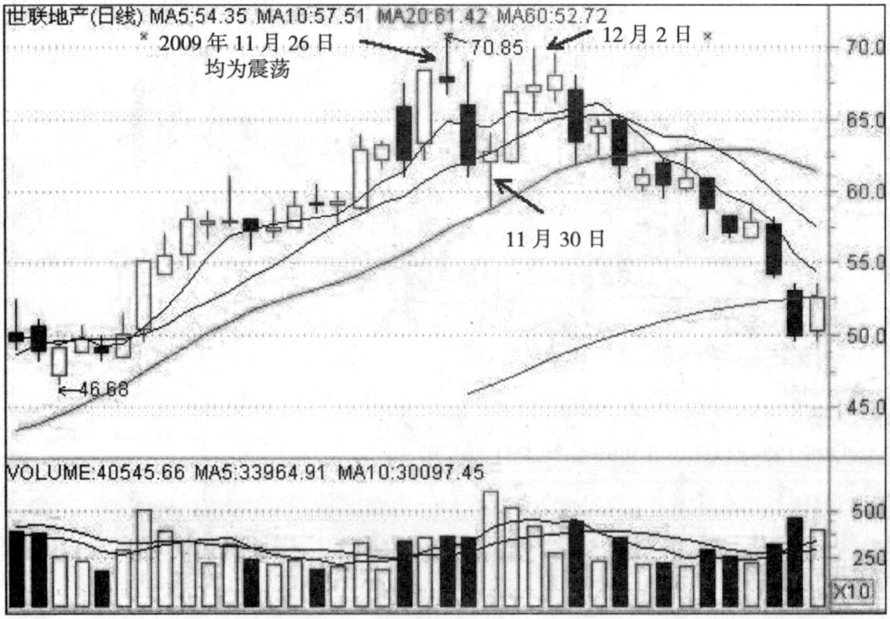

图 10–7　世联地产（002285）走势图

德棉股份（002072）公司亏损不断扩大，在没有明确的资产重组消息的情况下，判定庄家不会坚决做多，而且会不断进行出货。2009 年 11 月 23 日庄家放量拉高，吸引散户跟风之后疯狂走低，留下长长的上影线（类似长上影或长上影、下影结合的走势都可以视为震荡），次日暴跌。2010 年 1 月 22 日放量拉高出货，收一根小阳线，接下来几天暴跌。注意：把这两点连起来看，一波比一波低，确认庄家是在出货。之后股价跌破 8 元，而且被实行退市风险警示。见图 10–8。

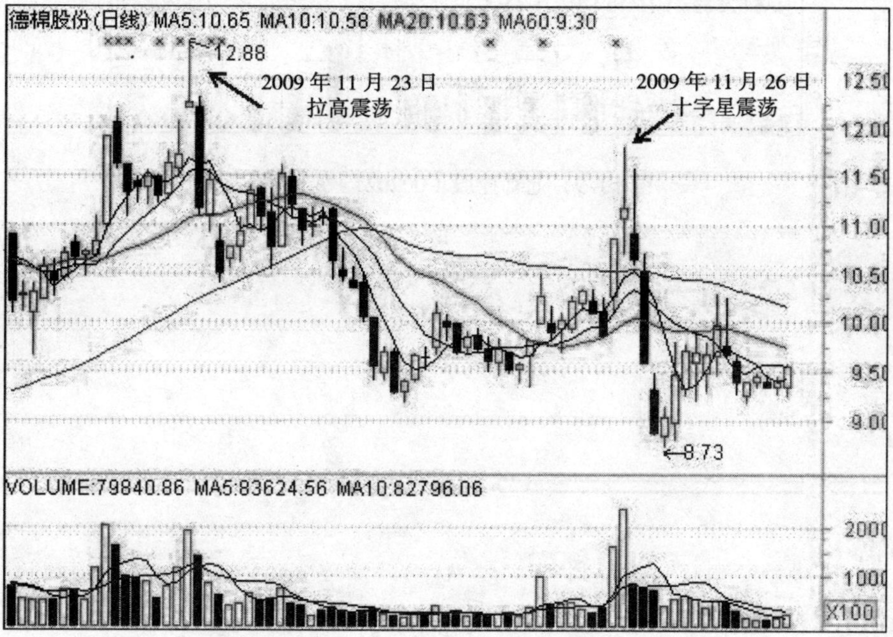

图 10–8　德棉股份（002072）走势图

只要股价放量大幅度拉高后又迅速走低，无论当日是以阳线还是阴线报收，都应该看成为剧烈震荡，长上影线就是庄家资金行踪暴露的表现，认真分析就能够较为准确地判断庄家的操作意图。

2010 年 4 月 12 日，七喜控股（002027）放量拉高后迅速走低，次日小幅低开冲高后暴跌，趋势开始向下。见图 10–9。

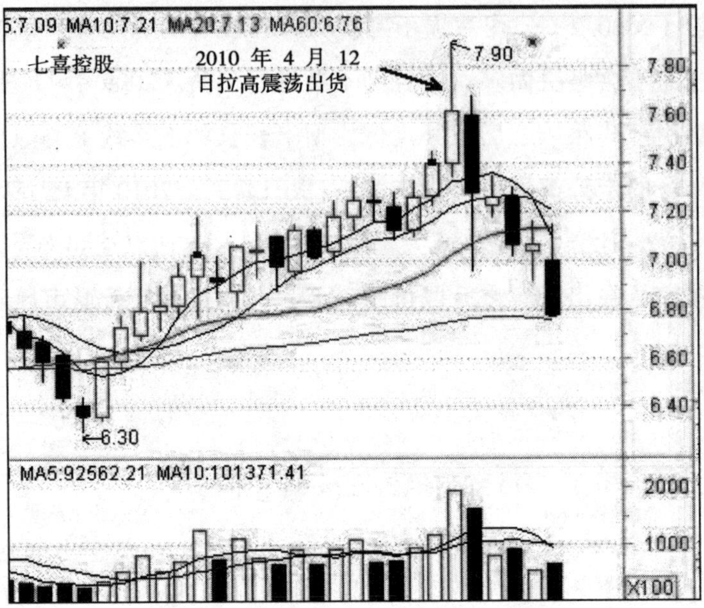

图 10-9　七喜控股（002027）走势图

本章小结

庄家大量买入股票会导致股价稳步走高，庄家大量卖出股票会导致股价一路走低。股价剧烈震荡是先拉高、再卖出造就的轨迹。震荡的本质原因是有人在高点大量出货。

对比考虑：洗盘时庄家是需要抛出一部分筹码的，但出货量一般很小，都是高点少卖、低点多买，多方明显强势，下跌之后迅速走高，且高点更高；而上涨结束庄家实质性的出货，量是非常大的，都是高点多卖、低点少买，空方明显强势，震荡拉高后迅速派发，一波低于一波，低点之后有更低。

掌握了庄家操纵股价盘中剧烈震荡的实质目的，也就清楚了该如何应对。洗盘就部分出、快出，看好机会后快进；出货就全部出、快出、慢进，如果形势不好就离场观望。

第十一章　股市里一劳永逸的方法

——长线投资

股市里有句名言：长线是金。

长线投资股票最大的特点就是亏小赢大。长线投资不重视账面盈亏反复次数，而重视一波行情之后的盈利质量，这是与短线交易的最本质区别。

在一波行情结束的时候，短线投资者往往羡慕长线投资者取得的丰厚收益，同样的一只股票，长线投资者握在手中已经翻番或者翻了几番，短线投资者也曾经几度拥有，但最后只能望股兴叹。

不同的投资方法，其投资的原则是不能混同的。

长线投资者要忍受投资期间市场大幅波动时“坐过山车”的折磨，要忍受原本已经取得的账面利润被阶段性调整后缩减的痛苦。

长线投资者在行情运行过程中要放弃其他的投资机会，必须要忍受其他个股轮番涨停的诱惑与刺激下的痛苦。

在市场极度低迷或者狂热的时期，长线投资者需要长时间保持着自身的冷静与豁达的情绪，而且要以客观理性的思维，时刻坚守着长线投资原则。

正是因为这些痛苦，常听到有的散户投资者说出“买完股票两年内不再看盘了”之类的励志誓言。

一、做长线投资的原则要求

1. 闲置的资金

用来投资股票的长线资金必须是闲置的、充裕的，以保证 3～5 年之内投资之用，这在一定程度上也保证了投资者的抗风险能力。长线投资股票在第一次建仓后，可以根据大盘情况继续在低位分批建仓，同时要预留一部分资金用于在未来可能发生的分红配股。

2. 冷静的理性思维

当大盘处于低谷、股价处于低位，或者股价远远低于价值区域时候，不跟随杀跌大军抛售；当大盘接近狂热，个股价格普遍远高于价值区域时候，以理性看待市场，逐步减仓退出。无论何时都以理性分析为操作的依据，做到“市场冷时心热、市场热时心冷”，正确判断市场发展趋势。

3. 足够的信心和耐心

某一日其他股票都涨，而唯独你的股票不涨，要坚信你的股票是最好的，要坚信它的价值早晚会被市场认知。大盘持续走好，不要被账面的小部分利润所诱惑，特别是在股价总出现反复的时候，正确判断大市发展后，拿出耐心，股价不翻番不罢手。

二、长线投资成功关键在于选股

长线投资要以价值投资者的思路来选股，要选取成长具有较大确定性、相对估值优势、抗跌性较好的个股。

1. 选取集多重长期概念于一身的股票

中国经济中长期仍将维持高速增长，其中一些中长期概念，具有人民币升值、消费升级、节能减排、稀缺资源、高新技术产业等相关概念的上市公司中长期受益。这些上市公司会在较长时间内的某些时段，反复成为各路资金追逐的热点。其中某些具备多重概念于一身的个股，更可能成为热点中的热点。

2. 借助机构调研报告来寻找大牛的股票

管理严谨、证监会评级在 A 以上的主流券商及其机构本身具有较高公信力，他们经常通过年度、半年、季度投资策略报告会向社会公开发布个股报告，中立性较强。个别引起关注的股票甚至会有数十家机构进行调研，并公开其调研报告结果。这些报告对个股的行业前景、每股收益及其公司的成长性分析透彻，对散户投资者帮助很大。投资者可以在仔细研读报告后，将其推荐的“金股”果断列入“股票池”备选。

三、长线金股例证

令散户投资者家喻户晓的长线金股是苏宁电器（002024），苏宁电器于2004年7月21日上市，当时流通盘2 500万，上市开盘价29.88元。其连锁经营模式使得公司店铺在全国范围内不断扩张，业绩持续增长，公司净利润增长率连续多年保持在60%以上。高利润伴随高回报，从2005年到现在，公司只派发过2次现金，其他都是以送股为分红方式，使得身在其中的长线投资者获利丰厚。有统计者大致估算，苏宁电器的股票市值从上市当初到现在已经翻了大约几十倍。见图11–1，图中S标记为除权标志。

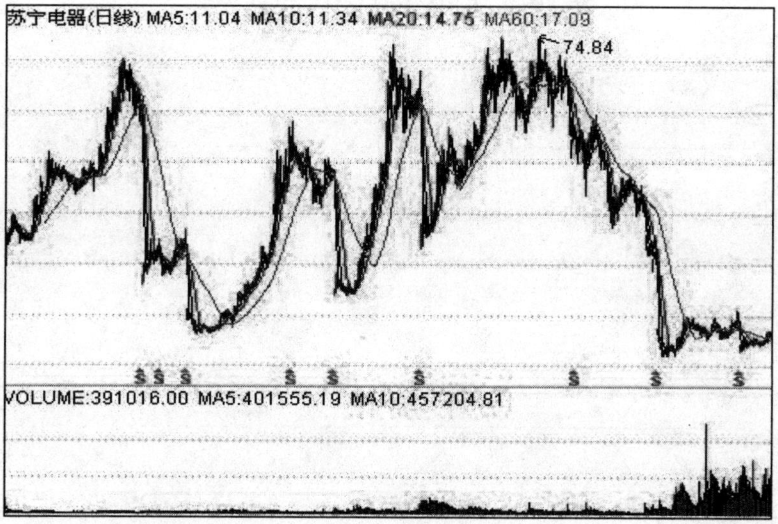

图11–1　苏宁电器（002024）走势图

云南白药（000538）是国家重点保护的中药品牌，自1993年上市以来，至今已经上市17年，目前公司的白药胶囊、白药散剂、宫血宁、白药气雾剂、白药膏等每个产品销售都过亿元，公司连续15年复合增长率均在25%以上，且自1993年至今几乎是年年分红（1998年除外）。从K线走势上看，1993年至今的走势也是非常理想。见图11–2。

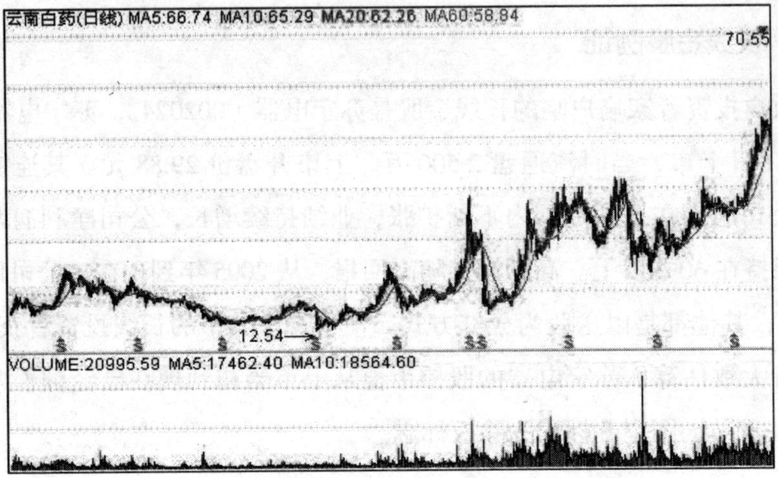

图 11-2 云南白药（000538）走势图

本章小结

有关股票长线投资方法的篇幅比较少，笔者认为，长线投资股票可讲的道理很少。为什么这么说呢？真正的长线投资者都是“手中有股、心中无股”，才成为最后的大赢家。而一些散户投资者正因为想法太多、道理太多，总想追求一些波段小利，所以才拿不住好股票。在追求小利的过程中，一次错误就可能把所有利润丧失掉，而进入恶性循环，到头来白忙活一场。

长线的操作上，没道理就是大道理。要想做个长线的大赢家，还是要放弃自己的小聪明。苏宁电器（002024）、云南白药（000538）等股票都是最好的例证，如果从上市第一天就买入，拿到现在，本金早就翻了几倍、几十倍了。

所以说，股市里一劳永逸的方法很简单：一只好股票拿住几年后再看。

第二篇

在人性与股性的感悟中寻找启发

股市里沉沉浮浮，犹如人世间风云变幻。这里兴，那里衰；这里珍惜，那里抛弃。周而复始，无限轮回……

股性如人性，股道即世道。蛰伏之极必爆发，繁华之极必没落；拥有的会失去，贫穷的会富有。一波一折，源远流长……

在股市中如果输了，别气馁，也许因为还不够成熟；如果赢了，别高兴，谁能保证下次不犯错呢？

而抛开输赢，最应该看清楚的是自己的人性，最应该做到的是不断提高自己的修养，从中不断地完善自我。

人性的完善，素养的提升，也许能帮助我们在股市中运筹帷幄，决胜千里。

放开眼界看股票，就能感悟其中蕴含的道理……

第一章　股市与人生

用人生的许多道理去判断股市未来的发展趋势，也许可以帮助你准确看待股市的涨跌；用股市的感悟来对待人生的起落，也许能让你为人处事从此变得轻松。在相互作用下寻找契合，相互体会下寻找真谛，寻找人性与股性结合的处世之道、投资之道，一定能够让你走向成功。

一、阴阳和谐的道理

万物对立而存在,阴阳和谐而交融,大千世界皆是如此。有天,有地；有黑夜,有白天。有男人，有女人；有年轻，有衰老。有正义，有邪恶；有善良，有卑鄙。有希望,有失落；有成功,有失败。阴与阳的交融,天与人的契合,善与恶的转化,利与弊的取舍，荣与辱的应对，进与退的抉择……让我们的人生变得丰富多彩。

阳刚，是力度美，是一种能够排山倒海的气势。阴柔，是柔和美，是一种水滴石穿的韧劲。有阳刚，生命律动有力；有柔美，世界和谐温馨。柔能克刚是一条辩证的法则，刚柔相济才是为人之道。阳刚与阴柔的平衡使得我们的世界和谐、安定。

细细品味，股票炒作过程其中也藏着阴阳和谐的道理。

买卖盘看，多就是阳，空就是阴；K 线上看，涨就是阳线，跌就是阴线。阴阳交错而构成了股价的起伏。股价涨到一定地步，开始跌，就是阳到阴的转化；而跌到一定价格，便开始涨，就又开始了阴到阳的发展。

阴阳总是相辅相成，就像股票的 K 线走势图，不能都是阳线，也不能都是阴线。涨的过程中夹杂阴线，跌的过程中也有阳线产生。

曾经很长一段时间，我买股票总是关注已经大涨或者类似三连阳走势的。每次选定股票之后心情急切，满怀憧憬，见高就入，可当真买到手里以后，其后的走势往往和我想象的相反，伴随次日的一个阴线后，股价似乎就开始了无休止的调整。急跌的恐吓、震荡的烦躁，直到把我折磨得割肉出局。好像是故意跟我作对一样，在我割肉后不久，它又重新开始了升势。这样的操作让我的股票盈利很少，亏损却一点点扩大，让我的心情十分糟糕。以至于我心里非常害怕阴线，手中的股票一出现阴线收盘，我就坐立不安。

经过仔细观察后发现，那些在K线图上收了几根阴线、正在调整的股票，买进后往往是涨得不错，很轻松地就能挣到几个百分点。

看来对于炒股，把握K线上的阴阳交错，确实是个关键。不能一味地追求理想化，更不能抱有幻想，本来涨跌共生、阴阳交融的东西，违背规律，肯定会被规律所伤害，而这个规律就是阴阳和谐共生。

阴阳和谐的道理无处不在。事与事，物与物，共生共存，相互影响，和谐则相互促进，不和谐则相互制约。

我有个朋友性格刚直，平时上班工作忙、应酬比较多，回家没有准时准点儿，家务事顾不上，加上性格所致不太会哄媳妇，两口子总吵架，而且每次都是大吵特吵，吵后夫妻二人各自脸上的不高兴几天都散不去。生活上不顺心，工作也必然受影响，因为心情不好，我朋友的工作表现让领导对他的能力产生了怀疑，从而使他失去了一次被提拔的机会。我这个朋友也炒股，许多不顺心的事情加在一起，平添了他的一些急躁情绪，今天割这个，明天买那个，亏损更是不断扩大。

这家庭过日子，一男一女，一阴一阳，失去和谐就出问题。

阴阳又是共生共融的。乐与怒、悲与喜、成与败、荣与辱，相互转化，相互依存。

曾经看过一本有关《易经》讲解类的书籍，易经第三十一卦是“咸”卦，即阴阳二气相互感应而结合。

书中“咸卦”的例析故事中讲道。传说唐朝时候，有个书生叫崔护，他在去长安的路上因为口渴，到路边村庄的一个农家讨水喝。院子里出来一个姑娘递给他水，他接过水一边喝一边偷眼相看。只见那姑娘倚在桃树下，双眉如画，眼如秋水，面似桃花，腰肢纤细，楚楚动人，爱慕之情不由从心中生出。

第二年春天，崔护故地重游，见柳绿含春，宛如昨日；桃花盛开，一如去年。

他就又来到那农家，见茅屋依旧，但院门紧扣。他深感惆怅，于是在门上题诗一首：去年今日此门中，人面桃花相映红，人面不知何处去，桃花依旧笑春风。

又过了一段时间，崔护无法排解自己的愁绪，鬼使神差又来到那村舍前。走到门前时候，突然听到屋里有哭泣声。他推开房门，见一老人正在哭自己的女儿。上前细细询问，才知道他的女儿看了自己的题诗后，害上了相思病，刚一着急死过去了。

崔护听了老人一番讲述，懊悔不已，也放声痛哭。他哭自己遇到了这么一位好姑娘，却未曾开口表白自己的心愿；也哭自己因为一首诗断送了人家的性命。不料，崔护这么一哭，却把姑娘哭醒过来。原来那姑娘只是因为心急，昏死过去了。老人见状十分高兴。不久崔护和那姑娘也结为了夫妻。

故事可能存在荒诞的一面，但故事中的道理却是使然。阴阳相互感应，相互转化，相互依存，共生共融，千百年来一直如此。

回到股票操作中，也许当手中的股票跌到我们自己都没有信心的时候，转机也就来了；当手中的股票疯狂上涨的时候，风险已经积累到了最大。阴阳总是相互感应的，多方和空方的相互转换可能就在一瞬间。

说到这里，我非常羡慕奋战在股市里的一些老人，他们没有太多的文化，炒股也不太讲究技巧，买股票的时候只简单比较比较就买，当套牢的时候，他们并不着急，只是轻描淡写地说一句：还会涨回来的。这个过程可能是几个月，也可能是几年，但他们却十分坚信“河东河西”的转换。这些老人为数不多，但做股票从不亏损。不等到大阳拉升时候，他们不会出手卖掉。

这里我并不是提倡盲目被套，而是觉得以阴阳的变换去看待股市的起伏，去看待个股的变化，似乎一切非常的自然。而我们必须适应这一自然，并与这一自然和谐相处，直到永远。

启发 股市的阴阳转换、涨跌起伏是规律。投资者必须在遵循这一客观规律的基础上，探索适应市场的投资方法。眼光放远一些，把一时的涨跌看淡一些，把握大的发展方向，就不会患得患失了。

二、正确看待“峰与谷”

《谁动了我的奶酪》一书的作者斯宾塞·约翰逊是全球最受欢迎的作家之一。他善于用生动的故事讲述现实的智慧，轻松活泼的寓言风格既让人深受鼓舞，又让人深受震撼，被誉为“最善于为复杂问题提供简单有效的解决方案的智者”。他的最新作品《峰与谷》讲述的是一则个人如何实现自我超越、企业如何持续发展的寓言，书中提出了他的最新理念——峰谷理论。

峰谷理论的要义为：

在我们的工作和生活中，每个人都会遭遇高峰和低谷，这是人生的常态。

高峰和低谷不仅是外部的顺境和逆境，更是内心深处的感受和变化。

峰谷相连不分。今日顺境之错，换得他日逆境；今日逆境之智，换得他日顺境。

享受你所拥有的，你就处在快乐的山顶；贪图你所没有的，你就跌入了痛苦的谷底。

我们常常无法改变客观事实，但我们的理解和选择，却决定了人生的高峰和低谷。

当一个人选择好心态的时候，就意味着他将走出人生的低谷。

从逆境中寻找新的转机，用坚定的信念和行动，开始从低谷向高峰攀登。

两峰之间必有低谷。经营低谷的方式决定着你攀登另一座高峰的速度。

要学会反省自己，否则你就会跟这个世界发生剧烈的冲突。只有通过反省自己才能发现事情的真相，找到与这个世界友好相处的方式。

人生的高峰和低谷是一种正常的现象，你应该坦然地面对这些起起伏伏的变化。

人生的高原期是用来休养生息、深思熟虑和自我更新的时期。

无论高峰还是低谷，要始终把注意力放在变化中的客观事实上面，这样就能随时随地发现生活中存在的美。

怀着感恩的心面对顺境，用心做对每一件事，就会大大减少发生变故的几率。

从高峰迅速跌落低谷的原因，往往是不了解真相的骄傲自满；在低谷里无法重新振作的原因，往往是不了解真相的忧虑恐慌。

人不能只为了“自我”而活。只有抛开“自我”，才能发现问题的真相，继而有效地解决问题，走出人生的低谷。

通过制订愿景来攀登高峰是一个好的办法。它能够让你产生一种渴望，并且愿意用自己的行动把愿景变为现实。

上天制造困难，是为了唤醒你的知觉——要关注那些被你忽视的真相。

征服内心的恐惧，就意味着你处在人生的高峰状态。

愿景能够帮助我们更好地理解现实，恐惧将会消失，高峰就在眼前，而人生也将从此变得天高云淡。

无论是个人还是组织，要想长时间地保持成功的高峰状态，就应该：不要被外在的赞誉或者嘲笑所迷惑，要把注意力放在对事实的研究和判断上；保持谦虚谨慎的工作风格，及时发现问题，及时解决问题；永远都比竞争对手领先一步；热情帮助他人，用以培养友爱互助的人际关系；提前为可能出现的危机做准备。

迅速走出低谷的方法：更客观地看待自己，审视自己的缺点，找出改善的途径；要有更多的服务意识，而不是跟这个世界发生冲突；要懂得如何去关爱别人，而不是祈求别人对自己的爱护。

你的眼睛决定着人生的幸福：看着你所失去的，你就会跌入不幸的谷底；看着你所拥有的，你就会身处幸福的高峰。

无论是顺境还是逆境，你都应该清醒地面对事情的真相；无论是春风得意还是身处困境，绝不能让真相离开你的视线；要学会从逆境中寻找人生的转机，因为在真相中隐藏着许多意想不到的有利因素；放松你自己，情况并不像你想象的那样严重，低谷总有尽头；高峰和低谷本来就是相对的，转换一下思路，按照相反的方式行动，就能重新回到你的高峰状态；设计你的愿景，用它来引导你走向成功；保持你的优势力量，永远都比竞争对手快一步。

我非常喜欢《峰与谷》中所阐述的观点。我不知道著名作家斯宾塞·约翰逊是否投资股票，但他的理论除了可以帮助你正确看待人生之外，真的非常适合用来炒股。他的观点无论是用在调整炒股心态，还是用在炒股方法上，都非常的正确。

在股价低迷的时候，要冷静、清醒地找出市场运行的规律，准确判断市场发展的方向，进而在别人行动之前采取行动；在股价高涨的时候，不能因为春风得意就放松自己，要看清楚自己拥有的，并继续保持优势力量，在危机到来之前有所准备。

启发 人是否能够成功，关键在于“峰谷”时段自身的状态如何。投资股票更是如此，在股价低迷的谷底找寻机会，在股价高位的峰顶预判风险，准确把握“峰谷”节奏，才是制胜之道。

三、人要坚持正确的立场

阐述这个道理之前不谈股票，先给大家讲一个故事。

有一个年轻的画家十分刻苦，几乎每天都把所有的精力投入在画室中，唯一的目标就是为了举办个人美术作品展览。举办展览是圈子里的人共有的理想，因为它实在是画家在美术事业上的里程碑了，如果画展被人承认，将直接标志画家在美术事业上的成功，这是每个搞美术的人所期待和盼望的。

到画家三十岁的时候，经过他的一番奔波，终于举办了他平生第一次的个人画展。展览厅里陈列了几十幅美术作品，其中包含有印象派、抽象派及现代油画流派等系列的作品，每一幅作品都凝聚了画家的心血和他对某一美术学派的认识。为了举办这次画展，年轻画家用尽了全部的积蓄，但这对他来说都不算什么，他唯一所期盼的就是画展能够圆满成功。

然而事与愿违，画展举办期间，展厅内来人寥寥无几，能够细心欣赏作品的只有一两个人。微薄的门票收入让年轻画家无法承受高额的展厅租金，无奈，画展被迫草草收场。

这次失败着实给画家泼了一头冷水，更打击他的是画展结束后有报纸评论，说此次画展是“七拼八凑的垃圾”和“小丑的涂鸭”。

年轻画家快疯了，面对自己数年心血积累的美术作品欲哭无泪，但真的也没有一点别的办法，得不到人们的承认就只能被抛弃。最后，在酒精的作用之下，画家一把火烧了自己的所有作品。

追求理想的道路上不可能会一帆风顺，摔倒了还是要爬起来继续走下去。

年轻画家在经过一段时间的休整以后，决定仍旧坚持自己的追求，但这次他要吸取上次失败的教训，以双倍精力专心钻研某一学派。

于是画家又开始了他新的奋斗历程。为了捕捉灵感，他的足迹遍布全国各地；为了博采众长，他寻访了各地的美术名家。每一次从外面归来他都是满载而归，而后兴致勃勃地将自己的所闻所感汇聚于画笔进行创作。年轻的画家就这样不懈地努力了10年。

到40岁的时候，他又积累了一定数量的作品，因为这些作品，使他重燃希望而信心倍增，他决定再搞一次画展。艰苦努力后，画展如期举办。新鲜出炉的作品不仅能吸引美术爱好者的眼球，更重要的，它吸引来了一些美术评论家，连续几天，展览厅内熙熙攘攘。众多的参观者让画家有些欣喜，丰厚的门票收入也足以支付画展的一切费用，但这些好像并不能说明什么，对于画家来说，更重要的是一些美术权威的认可。为此，画家翘首以待。

然而让画家意料之外的事情却发生了，在人声鼎沸过后，伴随而来的竟是评论家的唏嘘。“过于激进！”、“是革命还是反叛！”画展让美学评论家之间展开了一场争论，不幸的是最后权威人士持否认态度。无疑，这样的结果让画家十年里所有的努力化为乌有。

画家有些泄气，值得安慰的是画家对美术事业的执着追求引起了一些美学权威的注意，一些好心的专家开始帮助画家，指导画家。画家重新振作后也似乎开始觉醒，他尽量改变自己，他的作品也逐渐走向中庸。

在那以后，慢慢地他的作品似乎完全没有了他自己的东西，似乎随处可见，似乎也无所谓让人接受和不接受了，这样的作品似乎再也无法被称为创作了，更不会引起怎样的反响了。

50岁的时候，画家自己都觉得举办或者不举办画展已经没有什么意义了。

故事讲到这里有些伤感，画家的遭遇令人惋惜。人生之中能有几个十年啊！漫漫人生在追求理想的路上，可以做到“竹影扫阶尘不动，月轮穿沼水无痕”的人也许真的不多，也许那一少部分成功者就是因为坚持了自己的立场。

股市中有成功者也有失败者，失败者之所以失败，其中有很大一部分是因为没有坚持自己的立场。

有的散户投资者千挑万选，看好一只股票买入后，股价产生波动，略有下跌，于是心理上就产生了变化，“难道是庄家出货”、“好像真的没有上升空间”、“也许会有重大利空消息出来”等一系列想法开始往外冒，再加上一些网上股吧或是某位股评老师唱空的声音，立场就开始了松动。这时候股价上涨还好，如果庄家继续诱空砸盘，他可能就会立刻割肉清仓，然后去选择另外一只股票。然而当他清仓之后，形势又发生戏剧性变化，这只被他抛弃的股票又似乎发生奇迹，开始疯狂大涨。

有这种经历的散户并不少，以至于散户总有牢骚发出来：“一割肉，它就涨，怪了！”

怪吗？不怪？既然看好，为什么不坚定立场；既然看好，为什么太在乎一两天的价格起伏。

该看好的就要坚定看好，该正确的就一定正确，人生都是这个道理，何况股市。所以说，炒股也好、做事也好，立场正确，就一定要坚持。

启发 别人都看好的股票不一定就好，可能在人气飙升的过程中，庄家已经开始派发；别人都不看好的股票不一定就坏，也许调整结束后，接下来就开始新的涨升。买股之前认真选择和分析，买入之后一定要坚定自己的立场。

四、学会控制自己的情绪

人是富有感情的动物，因此常被自己的情感和情绪所影响。

情绪过好，人容易心生傲满，对做人处事不利；情绪不好，人则易心生厌恶，更对做人处事不利。

对我们影响最大的，多是情绪不好的时候。

在家庭中，可能因为情绪不好，跟自己的丈夫或是妻子大发雷霆；在工作中，可能因为情绪不好，把分歧演化为同事间的隔阂。

而在股市中，由情绪不好衍生出对走势的错误判断和对股票的错误操作，最直接的反映就是利润的缩减，风险的增大。

可以说，情绪的好坏是心智是否健康成熟的重要体现，而股市里的博弈就是心智与心智的较量。如果炒股赢少亏多，那很大程度上说明：你心智还不成熟，还不善于控制自己的情绪，最终导致投资失败。

一个心理成熟的人，不是没有消极情绪的人，而是善于调节和控制自己情绪的人。

控制情绪最根本的办法是：注意提高自己的情感智商。影响一个人一生的，是世界观、价值观、性格、信心、耐心、毅力、情绪、情感。

有的人虽然也很聪明，但是性格孤僻、怪异、不合群，跟其他人无法合作；有的固执、自负、急躁、情绪不稳定；有的自卑、脆弱，不能面对挫折；有的冷漠、易怒，无法与人沟通；有的完全以自我为中心，不考虑他人，不关心他人，总喜欢周围的人围绕他一个人转。这些人最后都远离了成功。

另外也有不少人，智力虽然不出众，能力也很有限，但后来却成就了大事业，为其成功起到最终决定性因素的就是“情商”。

情商是什么呢？情商就是情绪智力，情绪能力，情绪智慧。也是我们经常说的理智、理性、明哲、明智，也指的是信心、恒心、毅力、忍耐、直觉、抗挫力、合作精神等与人心理素质有关的反映程度。

情商是一个人感受、理解、控制、运用、表达自己以及他人情绪的一种情感能力。

情商高低可以通过一系列的能力表现出来。第一是认识自身情绪的能力，有人称之为情绪觉知。第二个情商能力是妥善管理自己的情绪能力，不让自己的情绪成为一匹脱缰的野马，控制不住。第三个能力是自我激励能力，身处逆境可以不断鼓舞自己。第四个能力是认识他人情绪的能力，这也可理解为认识周围环境的能力。第五个是人际关系处理能力，或者说环境处理能力。

情商高了，可能做起事情得心应手；情商低了，意味着心理不够成熟，可能某一缺陷会让你遭遇失败。

那么该如何学会控制自己的情绪，提高自己的情商能力呢？

第一个方法是要始终保持积极向上、乐观豁达，对人生充满希望。积极和乐观两个词搭配永远最合适。乐观了态度就会积极，积极的态度总会得到乐观的结果。人是生活在希望中的，要善于从希望中找到乐趣，哪怕是梦，至少你是快乐的。有梦就有希望,有希望人就会积极乐观。我们每个人都在不停地做梦,做人生的美梦,我们编织了一个个美梦,去努力,去圆梦,去寻梦,实现了又继续编梦,破灭了,再去编织另外一个梦。有梦就有理想,永远保持一个乐观积极的心态,记住:乐观会反败为胜,悲观可能反胜为败。

第二个方法是要始终确保自己的情绪在可控状态。一要学会驾驭愤怒情绪。愤怒是一种激烈的情绪的表现,经常发怒对学习不好,对工作不好,对生活不好,对人际关系不好,对自己的身体也不好,所以要锻炼自控能力,进一步修养自己的世界观、人生观、价值观,加强对心理的控制。二要学会克服紧张情绪。压力、矛盾、冲突、风险很容易使我们紧张,过度紧张对工作、对身体、对生命都没有好处,必须加以克服。三要摆脱消极情绪,培养自己的积极情绪,培养热情开放的心态、成就感的心态,不断给自己找乐趣。四要避免急躁情绪,要不断培养自己的忍耐力,目标适当,沉着冷静,张弛有度,学会冷处理。五要合理宣泄,放松自己。找朋友或者亲人沟通、排解,用语言来发泄心中的不良情绪,保持心态平衡。

第三个方法是要始终处理好人际关系。一要对人宽容;二要善于合作;三要诚信正直;四要换位思考;五要有舍有得;六要富有爱心;七要学会感恩;八要沟通协调。实际上处理人际关系是最复杂的,与其多说,不如少说,只能靠我们自己慢慢感悟。

总之,努力提高我们的情商,控制好自己的情绪,在顺境的时候不忘乎所以、得意忘形;在逆境的时候不垂头丧气、消极萎靡,我们才能做好摆在我们面前的事情,做到应付自如。

当我们心智成熟可以很好地控制自己情绪,一切都顺利的时候,在股市里的博弈也会变得游刃有余。

成功学大师奥格·曼狄诺曾写过这样一段文字,对于那些无法控制自己情绪的人,也许大有裨益:

潮起潮落,冬去春来,夏末秋至,日出日落,月圆月缺,雁来雁往,花飞花谢,草长瓜熟,万物都在循环往复的变化中。

我也不例外,情绪会时好时坏。

今天我要学会控制情绪。这是大自然的玩笑，很少有人窥破天机。

每天我醒来时，不再有旧日的心情。昨日的快乐变成今天的哀愁，今天的悲伤又转为明日的喜悦。

我心中像一只轮子不停地转着，由乐而悲，由悲而喜，由喜而忧。这就好比花儿的变化，今天枯败的花儿蕴藏着明天新生的种子，今天的悲伤也预示着明天的快乐。

今天我要学会控制情绪。

我怎样才能控制情绪，以使每天都卓有成效呢？除非我心平气和，否则迎来的又将是失败的一天。

花草树木，随着气候的变化生长，但是我为自己创造天气。

我要学会用自己的心灵弥补气候的不足。如果我为顾客带来风雨、忧郁、黑暗和悲观，那么他们也会报之以风雨、忧郁、黑暗和悲观，而他们什么也不会买。

相反地，如果我们为顾客献上欢乐、喜悦、光明和笑声，他们也会报之以欢乐、喜悦、光明和笑声，我就能获得销售上的丰收，赚取满仓的金币。

今天我要学会控制情绪。

我怎样才能控制情绪，让每天充满幸福和欢乐？我要学会这千古秘诀：弱者任思绪控制情绪，强者让行为控制思绪。

每天醒来，当我被悲伤、自怜、失败的情绪包围时，我就这样与之对抗：

沮丧时，我引吭高歌。

悲伤时，我开怀大笑。

病痛时，我加倍工作。

恐惧时，我勇往直前。

自卑时，我换上新装。

不安时，我提高嗓音。

穷困潦倒时，我想象未来的富有。

力不从心时，我回想过去的成功。

自轻自贱时，我想想自己的目标。

总之，今天我要学会控制自己的情绪。

从今往后，我明白了，只有低能者才会江郎才尽，我并非低能者，我必须不断对抗那些企图摧垮我的力量。

失望与悲伤一眼就会被识破，而其他许多敌人是不易觉察的。它们往往面带微笑，却随时可能将我们摧垮。对它们，我们永远不能放松警惕。

纵情得意时，我要记得挨饿的日子。

洋洋得意时，我要想想竞争的对手。

沾沾自喜时，不要忘了那忍辱的时刻。

自以为是时，看看自己能否让风驻足。

腰缠万贯时，想想那些食不果腹的人。

骄傲自满时，要想到自己怯懦的时候。

不可一世时，让我抬头，仰望星空。

今天我要学会控制情绪。

有了这项新本领，我也更能体察别人的情绪变化。

我宽容怒气冲冲的人，因为他尚未懂得控制自己的情绪，就可以忍受他的指责与辱骂，因为我知道明天他会改变，重新变得随和。

我不再只凭一面之交来判断一个人，也不再因一时的怨恨与人绝交，今天不肯花一分钱购买金蓬马车的人，明天也许会用全部家当换取树苗。知道了这个秘密，我可以获得极大的财富。

今天我要学会控制情绪。

我从此领悟了人类情绪变化的奥秘。对于自己千变万化的个性，我不再听之任之。我知道，只有积极主动地控制情绪，才能掌握自己的命运。控制自己的命运，就会成为世界上最伟大的推销员！

我成为自己的主人。

我由此而变得伟大。

启发 感情用事是股票操作的大忌。不要被情绪影响，更不可以迷信，要学会始终以一个平和的心态处理股票买卖交易，该买的时候不犹豫、不恐惧，该卖的时候不手软、不急躁。不要因为某一只股票曾让你亏损，心里就有抵触情绪，该买的时候不买；也不要因为某一只股票让你获利丰厚，心里就抱有幻想，该卖时候的不卖。

五、进之前先想好退

台湾作家刘墉曾写过许多哲理小品文，其中有一篇讲的是“进路与退路”的道理。

原文如下：

你说想去征服高山，但是当我问你登山者应该带些什么东西时，你却答不上来。

现在我告诉你吧！

如果是攀登路径不熟的高山，即使原定一日往返，除必备的指南针，你的行囊中也应该包括一把小刀、一打绳索、一盒用塑料袋包好的火柴、一点盐巴、一块折起来不大的透明塑料布或雨衣和一个哨子。

这些东西大多数都不是为你的进路而准备的，而是为你的退路准备的，但是不论是登山的旅途，或在你人生的旅途上，“有退路”都是寻取进路的必要条件。

于是那把小刀，在前进时可以帮助你用来切割猎物、削竹为箭、砍木为叉；在你被毒蛇咬伤时，更可以用来将伤口切成“十”字，以吸出毒血。

那条绳索，在前进时可以帮助你攀爬；在山友遇险时，可以用为营救；在编织担架时，用为捆绑。

那盒火柴，在你前进时，可以用为烹食；在你遇难时，则可能让你点起柴火，熬过高山上寒冷的夜晚。

那块透明的塑料布或雨衣，在你前进时，可以用来防雨；当你困阻在深山时，更可以使你减少地面或环境中潮冷的侵袭，甚至在缺水时，用来收集地面蒸发的水汽，使你免于干渴。

那块盐巴，在你前进时，可以用为烹调鲜美的食物；在你困厄时，则能用为消毒、补充体力，甚至帮助你吞下平时绝对难以接受的野生食物。

至于那支哨子，在你前进时，固然可以用为招呼队友，作为集合的讯号；在你落难而饥寒交迫，喊不出声音时，更可能因为有这支哨子，隔几分钟吹一下，而使搜救的人员找到你。

如此说来，哪一样东西可以少呢？它们占的空间不大，却是你行前绝不能疏忽，而落难时可能保命的。

我过去曾多次对你说：旅游时，如果是旧地重游，不妨在既有的大道之外，再去寻访一些小路，发掘新的风景。相反的，如果是到陌生的地方，则应该记住来时的道路，以便遇到困阻时能够脱身。

对已知的环境，做进一步想；对未知的环境，做退一步想。在人生的旅途上，前进固然可喜，后退也未尝可悲。最重要的是，在前进时要知道自制，免得只能进而不能退；后退时则要知道自保，使得退却重整之后，能够再向前行！

看完这篇文章，细想一想，把“进”的过程比喻为爬山的过程很贴切。进的过程就是向着更高努力、向着更高突破。进的过程中有坎坷、有险阻、有很多很多未知因素相互作用。爬山过程中的“退”则是休息，是疗伤，是为了进而蓄势。当然在遭遇无法逾越的困难面前，找寻退路也是最明智的举动，是为了成功攀登下一个山峰的第一准备程序。

其实股市投资也犹如一个进的过程、一个登山的过程。

个股像许多孩子一样在攀登大盘的山峰，有的个性活泼，爬得很快；有的反应呆板，爬得很慢。当所有孩子都爬到峰顶以后，又开始下山去寻找另一座山峰。

股民则像一个个执着的行者，在个股的几千个山峰中寻找探索，爬了这座爬那座，有的怯懦，总想找一座容易爬的山，却总是爬到半截就退缩；有的坚持，忍耐坎坷冲向峰顶，最后收获无限风光。有的行者急于寻找成就，从这一山峰直接跨越到另一座山峰，却把自己困在了山顶；有的行者墨守陈规，在一番休整后，找寻谷底继续跋涉，总是在旅途收获无尽的快乐。

许多散户投资者在山峰面前很冲动，看到络绎不绝的人奔跑在去往山顶的路上，他们无比向往。于是他们收集行囊，备足资金，迈步向“钱”。他们选择“进”的方式从不保守，利润的诱惑下，他们想要追赶高处的风光。“追高买入”、“全仓买入”、“涨停价附近追入”，在进的过程中，他们忘记了风险，忘记了考虑自己的退路。而可能就在他们刚刚迈出激进一步之后，突如其来的一场风暴就把他们全部留在了爬山的路上。

笔者的一个朋友经常做“超短线”，是个激进分子，炒股票喜欢追高买入。他认为，涨得非常快的股票都是强庄股，早追进去早挣大钱。有的时候我非常羡慕他，早盘追进的股票几分钟就涨几个点，账面净挣几千块；有的时候也非常替他担心，因为疯涨的股票可能也会疯跌。一天下午，我发现他情绪非常低落，一问才知道他追进的股票被套了，上午他发现深市有一只新股上市——泰尔重工（002347），早盘疯涨，于是他在30元附近全仓进入，可到下午，这只股票收盘跌到28元，当天的账面直接损失已经过万。我安慰他说第二天也许高开高走能够涨回来，可之后的几天，这只股票连续大跌，他的资金损失超过了20%，朋友一气之下割肉止损。这一次损失让他几个月做短线的利润付之东流，教训十分惨痛。

很多时候在股市，因为没有考虑好退路，盲目乐观进取，造成巨大的损失，这样的损失无法弥补，甚至有可能摧毁我们的意志，让我们从此一蹶不振。

做人做事，不思退路，盲目进取导致的失败都会给人以教训。而在股市里，这样的教训来得最快，所以说：进与退永远都要考虑周全。

启发　股市里有利润更有风险。买入股票之前一定要认真研判，确定它可能攀爬到的高度，确定它可能调整的深度。买入时一定要坚持半仓以下，留足充裕的资金以作为退路。切不可盲目向前，以至于风险到来把自己困在山顶。

六、做事应量力而为

相声大师马三立有一段经典的相声叫“练气功”，里面的张二伯好吹牛、好攀比，看到别人练气功，自己明明不懂，也还要拿真刀真枪比活，最后闹出笑话又闹出人命。虽然只是个相声段子，但这种被相声大师艺术化了的社会现象我们却屡见不鲜。

朋友或同事一起吃饭，酒桌上时常会有某个人把握不住，自己没有酒量，还要东劝西劝，不管是动了感情还是碍于面子，最后准是喝得东倒西歪、酒后失态。喝多的人除了落了个喝酒实在的名声外，没有给别人留下其他什么印象。

孩子学习成绩一般，家庭条件又很一般，出人头地、望子成龙的心态使得孩子考重点中学成为全家奋斗的目标。大人一边找关系跑门子，为择校运动；孩子一边进行填鸭教育，努力提高成绩。跑关系费时费钱费力，填鸭教育孩子成绩反而提高并不明显，折腾半天一家子没得到什么好处。

还有许多类似的事例，举不胜举，可以把它们统统称为自不量力。

有成语“蚍蜉撼树”和“螳臂挡车”，揭示的就是量力而为的深刻道理。告诉后人时时刻刻都该认清自己，准确衡量自己，给自己一个合适的定位，凡事量力而行，不要硬拿鸡蛋跟石头碰。

量力而为，就是根据自己的实际情况背负压力，掌握好一个度，不让自己受伤。看过运动员训练的人都知道，运动员为了加强腰部和下肢力气，常在教练的指点下做一种压杠铃的负重练习。通过压杠铃的练习，运动员的力气尤其是腰部和下肢力气会敏捷加强，奔跑和跳跃的才能会突飞猛进。当然，杠铃的重量一定要恰当，轻了效果甚微，重了运动员接受不了会闪了腰，而且杠铃重量的逐步递增要因人而异，循序渐进。由此联想，这杠铃就像人生所必须背负的压力，恰当地背负一些压力，能够促进个人的发展和提高。但压力过度，突破了生理和心理的极限，就会使人身心俱损，甚至彻底瓦解。最好的方法是不要等到压力过大的时候想办法去减压，而是要从根本上选择一个适合自己的压力。

量力而为，就是合理制定和选择一个科学的目标，步步为赢，并不断坚定信心。制定一个现实的目标非常重要，这是最终可能成功的根本保障。很多人之所以失败，实际上是因为他们的目标首先是不现实的。一些人短线做股票，总给自己定一个资金短期内能够翻番的目标，找涨速快涨幅大的牛股，恨不得能够一次赚个30%或50%以上。追高买入的股票如果开始调整，就坐不住了，看到其他牛股心急如焚，目光赶紧瞄准下一个快速上涨的股票，哪怕割点肉，也要频繁换股。最后算下来，获利并不理想，追高买入的股票赶上深度调整甚至还造成了资金的大幅亏损。其实倒不如把短线目标定在5%～10%之间来得实在，这样的目标也更好实现，挣了就抛掉一些，调整了再买回一些，小盈累计成大盈，始终保持一个主动的状态。

量力而为，就是清楚地了解自己的实力，运用自己的实力。俗话说的好，“要明白自己能吃几碗干饭”，必须清楚自己能够做到什么，不能够做到什么。从理财的角度考虑，清楚自己的经济实力，这点非常重要。

曾看过一篇新闻，说是北京娱乐圈某个刚出道不久的女士生活时尚，出手阔绰，而且为了打造自己靓丽形象，还贷款买了宝马车，需要说明的是她的家庭条件很一般，自己在娱乐行业的收入也比较有限，并没有额外经济来源，一年后，她的经济条件并没有因为自己的形象提升而有大的好转，等银行追贷款追到法院里，她也因这一丑闻成为当时网络品头论足的话题。这个例子就是典型的“不知道自己吃几碗干饭”，在自己经济条件并不宽裕、未来发展还是问号的时候，过于攀比、过于追求，最后酿下苦果自己来吃。

这样的例子拿到股市里就是悲剧。有人因为炒股跳楼，有人因为炒股入狱，有人因为炒股妻离子散。他们共同的原因就是在利润陷阱面前，忘了自己吃几碗干饭。要么把房子都抵押上来炒股，要么挪用大笔公款来炒股，要么瞒着家人找亲戚朋友借钱来炒股，理财行为上不客观评价自身经济实力，在根本不具备任何抵御能力的基础上盲目做大，等风险到来的时候就成了悲剧主角。

笔者的一位朋友2007年瞒着妻子投入20万元炒股，之后因为股票被套又找几个朋友相继共借了30万元继续投入，由于大盘的因素和炒股的方法问题，他总是挣点回来又亏点回去，来回反复，以至于现在还没把亏的挣回来。为了还债，他经常是拆了东墙补西墙，几年下来，苦不堪言。

“盈则满，花至半开，酒至微醉，是为最佳。”做超过自己能力的事情，无疑是自找苦吃。所以说，做事情也好，炒股也好，都要量力而为。人只有量力而行，该放就放，当止则止，才能收获真正属于本身的那份胜利。

启发 投资理财是一门学问，必须要量力而行。在决定投资理财之前，一定要审视自己的经济实力，掌握好一个投资的度。投资股票所用的钱必须是富裕出来的资金，一万也好、五万也罢，视资金选股买股，不能盲目贪大，更不能借钱炒股票。

七、贪婪是做人做事的大忌

佛语有云：知足之法，即富乐安隐之处。知足之人，虽卧地上，犹为安乐；不知足者，虽处天堂，亦不称意。不知足者，虽富而贫；知足之人，虽贫而富。

做人，野心是可以有的，但不能太大。如果野心太大，就成了贪婪。而过于贪婪的人，搞不好成了"人心不足蛇吞象"，不仅得不到快乐，还会把自己搞得非常狼狈。

俗语"人心不足蛇吞象"，由成语"巴蛇吞象"演变而来，"巴蛇吞象"原出自《山海经——海内南经》，其文曰："巴蛇食象，三岁而出其骨"，意思是说巴蛇把象吞下去后，消化三年，才能把象的骨头吐出来。后来遂以此比喻人心贪得无厌。想象一下，蛇吞象的样子——咽不进，吐不出，要多别扭有多别扭。

关于"人心不足蛇吞象"，民间还有一个典故。

相传宋仁宗年间，深泽某村庄，一家人只有母子两个人，母亲年迈多病，不能干活，日子过得很苦，儿子王妄，三十岁，没讨上老婆，靠卖草来维持生活。

有一天，王妄照旧到村北去拔草，拔着拔着，发现草丛里有一条七寸多长的花斑蛇，浑身是伤，动弹不得。王妄动了怜悯之心，小心翼翼地拿回了家，冲洗涂药，一会功夫，蛇便苏醒了，冲着王妄点了点头，表达它的感激之情，母子俩见状非常高兴，赶忙为它编了一个小竹篓，小心地把蛇放了进去。从此母子俩精心护理，蛇伤逐渐痊愈，蛇也长大了，而且总像是要跟他们说话似的，很是可爱。日子一天天过去，王妄照样打草，母亲照样守家，小蛇整天在篓里。忽然一天，小蛇从竹篓里爬到院子里晒太阳，被阳光一照变得又粗又长，像根大梁，这情形被老娘看见了，惊叫一声昏死过去。等王妄回来，蛇已回到屋里，恢复了原形，着急地说："我今天失礼了，把娘给吓死过去了，不过别怕，你赶快从我身上取下三块小皮，再弄些野草，放在锅里煎熬成汤，让娘喝下去就会好。"王妄照小蛇教给的方法办了，母亲喝下汤后，很快苏醒过来，母子俩又感激又纳闷，更觉得这条蛇非同一般。

话说宋仁宗整天不理朝政，宫里的生活日复一日，没什么新样，觉得厌烦，想要一颗夜明珠玩玩，就张贴告示，谁能献上一颗，就封官受赏。这事传到王妄耳朵里，回家对蛇一说，蛇沉思了一会儿说：“这几年来你对我很好，而且有救命之恩，总想报答，可一直没机会，现在总算能为你做点事了。实话告诉你，我的双眼就是两棵夜明珠，你将我的一只眼挖出来，献给皇帝，就可以升官发财，老母也就能安度晚年了。”王妄听后非常高兴，可他毕竟和蛇有了感情，不忍心下手，说：“那样做太残忍了，你会疼得受不了的。”蛇说：“不要紧，我能忍住。”于是，王妄挖了蛇的一只眼睛，第二天到京城，把宝珠献给了皇帝，满朝文武从没见过这么奇异的宝珠，纷纷赞不绝口。到了晚上，宝珠发出奇异的光彩，把整个宫廷照得通亮，宋仁宗非常高兴，给王妄封做朝廷里的大官，并赏了他很多金银财宝。

皇帝对宝珠爱不释手，西宫娘娘见了，也想要一颗，不得已，宋仁宗再次下令寻找宝珠，并承诺把丞相的位子留给第二个献宝的人。王妄想，如果我把蛇的第二只眼睛也献给皇帝，那丞相的位子不就是我的了吗？于是他到皇上面前说自己还能找到一颗，皇上高兴地把丞相的位置给了他，可万没想到，王妄派人去找小蛇取第二只眼睛时，小蛇无论如何不给，说要见到王妄才行。无奈之下，王妄只好亲自来见小蛇。蛇见了王妄直言劝到：“我为了报答你，已经献出了一只眼睛，你也升了宫，发了财，就别再要我的第二只眼睛了。人不可贪心。”这时候，王妄早已官迷心窍，哪里还听得进去，无耻地说：“我不是想当丞相吗？你不给我怎么能当上呢？况且，这事我已跟皇上说了，官也给了我，你不给不好收场呀，你就成全了我吧！”并执意要取小蛇的第二只眼睛，小蛇见他变得这么贪心残忍，就说：“那好吧！你拿刀子去吧！不过，你要把我放到院子里去再取。”王妄早已等待不及，一口答应，就把蛇放到了阳光照射的院子里，转身回屋取刀子，等他出来准备用刀剜宝珠时，蛇身已变成了大梁一般粗细，张着大口冲他喘气，王妄被吓得魂飞魄散，想跑已经来不及了。一怒之下，小蛇一口就吞下了这个贪婪的人。

从这一则典故感悟一下，其实害人的不是小蛇，而是人本性的贪婪。

说到贪婪害人，在股票投资市场里是最常见的。

散户投资者看好一只股票后，买入后的结果可能是买入就涨，也可能买入就跌。而买入就涨的股票，虽然看起来很美，但很可能导致最终亏损，为什么呢？第一种是看好一只股票，也正值这个股票疯狂拉升，投资者有多少钱就买多少股票，脑子里总有一夜暴富的思想，可当买入之后调整开始，资金深套其中。第二种是重仓买入的股票涨了一些，账面小有利润，可投资者期待更高的利润，期待大涨，而当股价下跌至成本价格时，投资者舍不得抛出，认为只是短暂调整，之后又会大涨，如此一来，深套其中。

说到底，造成股民在投资中亏损的主要原因就是贪婪。庄家也非常了解中小散户的贪婪心理，故意设下利润陷阱，利用股民的“贪婪”恰到好处地进行反向操作。

所以，贪婪即是人性的一大弱点，也是投资理财的大忌，克服贪婪是投资者必须学会的基本技能，时刻保持一份清醒，自觉远离贪婪才是投资的常胜之道。

远离贪婪最有效的方法就是学会放下。欲望是没有止境的，如果不放下一些东西，心灵一定会越来越沉重，也得不到真正的快乐。学会自我放下、自我解脱，保持一颗平常心，整个人都会轻松很多。

放弃是一种智慧，是一种心灵的豁达。在人生某个特定的时刻，在股市操作中的某个阶段，你只有敢于舍弃，才有机会获取更长远的利益。

启发 买卖股票把握“不贪”的诀窍：先考虑风险，再考虑利润。即便是贪，也是“君子贪财、取之有道”，要根据大盘和个股形势发展确定一个度，要贪得有依据、贪得有道理。不盲目贪利追涨，不愚钝贪利守仓。能大涨的牛股一定要拿得住，形势不妙的股票则要扔得快。

八、忍耐和承受

忍耐和承受的逻辑关系是1和1，也是1和2。人性的忍耐能力和承受能力是两个相近却不同的概念。忍耐可能决定承受，因为忍耐，一个人可能要承受一些什么。承受又似乎与忍耐没有关系，也许无需忍耐，人都要去承受什么。共同的是：忍耐和承受无论独立也好，相互作用也好，都决定了一个人的未来能否成功。

春秋战国时期，越王勾践被吴王夫差降伏，勾践佯装称臣，为吴王夫差养马，吴王患病，勾践亲口为其尝粪，获得信任，被放回国。回国后的勾践与百姓同吃同住，体恤百姓，减免税赋，思量复国大计。他还睡柴草、尝苦胆，忆在吴国所受的侮辱，以警示自己不要忘记过去。经过十多年的艰苦磨练，勾践终于一举灭吴，杀死夫差，实现了复国雪耻的抱负。这就是因忍耐而成功。

忍耐需要修养，忍辱需要度量，而忍辱负重更是一种境界。忍，乃是心头一把锋利的刀，要培养刀捅心头而不惊的气度，就要忍得了胯下之辱、争锋之伤。忍耐需要强大的韧性和足够的弹性，在一个非常狭小的空间内，最大限度地俯下身子，来保护自己。

忍耐是一种迂回的动力。要成就一件事情，在条件还不具备的时候，观察时机，等待因缘，采取战略性的退让，是为了更好地积蓄力量。藏去锋芒，收回拳头，在艰难困苦中修养状态、调整方向，一旦时机成熟，才能够以最有力的一击转败为胜。

所以，忍常人不能忍，就是过人之处，就是之所以成功之处。

清朝秀才范进，在科举制度下苦求功名，一心想中举，可几次考试都逃不过落榜的命运，名落孙山后，他立志发奋，苦读诗书，最终因刻苦勤奋获得了功名，可就在看榜之后，他却因为过度兴奋突然发癫发狂，成了精神病患者。这就是因无法承受而失败。

承受需要修养，同样更需要度量，承受是无条件地接纳一切。同时，人生的承受更是一种支撑能力，支撑事业，支撑家庭，甚至支撑起整个社会。支撑起多少重量，就要承受多大的压力。

承受是一种阅历的积淀。承受痛苦，人就会逐渐变得坚强。承受幸福，人就能信心百倍。承受失去，会慢慢懂得珍惜。承受失败，会得到经验的累积。承受责任，能够在成长中强大。承受感情，能够让心灵永葆一份充盈。

所以，承受人所不能承受，就是过人之处，必将成就大业。

其实，忍耐能力和承受能力决定了一个人的本质。竹子日长一尺，中空，性脆，多用来做筷子；松树年长一寸，中实，性韧，多用做栋梁。勾践成，成在韧；范进败，败在脆，是质地决定了他们不同的命运。

倒不是要求每一个人都能够成“大器”，毕竟人的个性有所不同，有人生性刚强，有人生性懦弱，人与人千差万别，但一样的是：我们都要面对一个现实的世界、一个现实的人生。

这个现实就是：人要活着，不光是为自己，还要为家人、为朋友、为了社会。

这个现实就是：社会有竞争，奋斗之后不一定就成功，还有坎坷、有压力、有失败。

在现实面前，我们必须让自己的质地变得更结实一些，或者说让自己的心灵更结实一些，能够抵御人生里的风风雨雨。

找工作的过程中，遇到挑剔的公司，遇到挑剔的老板，碰壁了，落选了，我们得忍耐、得承受，我们得从自身找原因，重新鼓舞信心，去寻找下一个努力的方向。

谈恋爱的过程中，面对情感的纠结，面对爱人的离去，受伤了，苦痛了，我们得忍耐、得承受，我们不能因此失去对情感的追求，必须调整状态，去找寻真正适合自己的幸福。

干事业的过程中，上司的步步紧逼，客户的无理纠缠，伙伴的欺瞒狡诈，累了，烦了，也得忍住、挺住，因为竞争本身就是激烈的，不把难关渡过去，怎么会迎来成功。

投资股票的过程中，手里的股票跌了，资金被套了，愁了，怕了，更要忍耐，更要承受，投资本身就有风险，股价本身都会起伏，何必在意一时的盈亏，拿不住当然坚持不到收获的那天。

忍耐是德行，承受是能力。忍耐和承受是审时度势，是妥善处世，是取大而舍小，是不断提升自身素质，是走向成功的必经之路。

孔子说：“小不忍则乱大谋。”宋人苏轼在《留侯论》中说：“古之所谓豪杰之士者，必有过人之节，人情有所不能忍者。匹夫见辱，拔剑而起，挺身而斗，此不足为勇也。天下有大勇者，卒然临之而不惊，无故加之而不怒，此其有所挟持者甚大，而其志甚远也。”《说苑丛谈》曰：“能忍耻者安，能忍辱者存。”《增广贤文》则告诫人们；“得忍且忍，得耐且耐；不忍不耐，小事成大。”程颐更说得深刻：“愤欲忍与不忍，便见有德无德。”

所以，为了我们自己的未来，把眼光放远、把目标放高，对待暂时不能改变的状态，对待摆在你面前的困难和坎坷，忍耐吧！承受吧！

启发 股票的走势总是起起伏伏，当买入后被套，忍无可忍的时候也许就是要涨的时候。一些散户投资者总叹息割完肉就大涨，就是因为忍耐力不够。资金因股票下跌而萎缩，要学会承受；资金因股票上涨而暴增，更要学会承受，处乱不惊、泰而不骄，才能始终让自己保持一个清醒状态。

九、保护好个人隐私

何为隐私？隐私就是秘密，是指不愿告人或不便告人的事情。

涉及个人的隐私有姓名、照片、住址、电话号码、出生日期、车牌号、收入情况、财产状况、婚恋情况等，很多很多。

涉及社会的隐私更是有很多。往大了说，比如国家的机密：国家未公布的经济发展计划、国家未公布的军事战略等。往小了说，比如某个企业或者团体的机密：未公布的投资计划、未公布的发展目标等。

无论哪种隐私，一旦泄露出去就肯定出问题。

某某明星因为种种原因把自己与异性朋友亲密的照片泄露，弄得满城风雨，国人皆知，最后不仅毁掉了自己的大好前程，还害了与之有关系的圈子里的几个朋友。

某某官员因为种种原因把涉及一种矿石贸易谈判的机密泄露，致使外方抬高谈判价格，国家蒙受巨大损失，最后他们的下场是毁了前程，也毁了自己。

对于普通老百姓来说，除了个人隐私外，能够涉及关键的隐私秘密很少，更谈不上泄露秘密而危害社会、危害国家，因此有关隐私这方面的问题总是得不到重视。

可就是我们日常生活中不很重视的个人隐私，泄露以后也会给我们带来很多的麻烦。

在办公室里上班，可能就有陌生电话打进来，问你是不是某某，来电话的人你都不认识，可他对你的情况掌握得一清二楚。来电之人言语中透着亲切，问寒问暖，一会扯孩子，一会扯工作。耐着性子听到最后，忍不住问：您找我有什么事情？答案有几种：一是推销保险；二是推销纪念品；三是卖限量版手机。出现这种情况无疑是因为个人隐私信息被泄露出去造成的。

前不久曾在电视上看到一条新闻，说一男一女两个人在楼里住对门，生活中互相帮助，久而久之相互熟悉了，成了好朋友。聊天一交流，结果两人是同年同月同日生人，真是非常凑巧。同一天的生日又住邻居，这下显得关系更近了，以后男的只要有空就去对门找女的聊天。有一天女的突然发现自己的银行卡不见了，报案以后经银行查证，说有人从银行卡里取走了 9 000 元。公安局办案人员经过分析，初步断定取钱的人知道密码，再询问那女的得知银行卡的密码就是她本人的生日数字，而对门男人总来串门，两人生日又是同一天，线索联系起来进一步确定了对门男人有重大作案嫌疑。最后，办案人员不费力气就从对门找到了那个伪君子。你说这事情怪谁？只能怪女人自己不小心，把个人隐私泄露出去给自己带来了这么大麻烦。

从上面这两个例子看，我们还真应该把保护个人隐私当个事儿，在觉得无所谓的时候，泄露它就可能会对你造成伤害。

其实保护隐私是一个人做人的基本准则。做人必须要有自己的道德观，从保守秘密来讲，自己的秘密、好朋友的秘密、家人的秘密都有义务保密。我们不是生活在一个单纯的社会，当个人的隐私与他人的利益发生关系的时候，一些人就会利用这些隐私以达到某种目的。个人隐私可能被人用来赚钱，可能被人用来伤害朋友，也可能用来骗取信任。所以，从保护自己、保护朋友、保护家人的角度，我们也要注意保守生活中的一些秘密。

炒股票也是一样，也要注意保护隐私，因为这直接涉及我们自身的财产安全问题。

经常看到炒股的朋友们在网络股吧里发表一些对某只股票的看法，互相交流炒股的感受，探索炒股的正确方法。交流炒股方法、分析股票发展态势无可厚非，可其中有的散户在被套之后，把自己的持仓成本、持仓数量都公布出来，似乎想寻求同情和帮助；另外部分散户则在自己的股票大涨以后，出于炫耀的目的，也把自己的持仓成本公布出来，这都是不可取的。这就相当于把自己的投资秘密公布于众，同时让庄家不费吹灰之力就知道了散户的心理状态和持股成本情况。如果很多投资者都这样做，那无异于给我们自己制造障碍，短期操纵股价的庄家更可以借助这些情报进退自如，得心应手了。

庄家在拉升某只股票之前，绝对不会透露投资计划，更不会透露持股成本；拉升过程中，庄家不会透露持仓情况和获利情况，所有的过程都是保密的。如果拉升之前泄密，就会出现“老鼠仓”，散户投资者纷纷抢筹，为庄家拉升制造麻烦；如果出货之前泄密，散户投资者资金小、操作灵活，没等庄家动，散户先跑了，那更麻烦。这就是所谓的投资机密，也是庄家的隐私。

我认识的一位股友喜欢和朋友分享炒股经历，并乐于释放自己的投资隐私，乐于打听别人的投资隐私。问到别人买了什么股票，他也赶紧看一看，赶紧买；问到别人割了什么股票，他也要看一看，如果股价跌幅深，他也赶紧买。可他总是买不到点上，总是操作失误而亏损。股票亏损了，他还要跟别人交流，以至于大伙都知道他炒股亏了多少钱，最后炒股的事情传到单位领导耳朵里，他因此还受到了非常严厉的处理。亏了钱不说，工作上还弄得很被动，原因就是自己这张嘴，把该说不该说的都说了。

所以，做人也好，做事也好，炒股也好，我们都该记住管好自己的嘴，记住保护好一些隐私，记住保守住一些秘密，为了他人，也为我们自己。

启发 投资理财是自己的事情，炒股票更不能靠别人，轻易不要透露自己的持仓品种、持仓成本和持仓数量。同时，更要注意保护好自己的股票账号和密码，避免自己的财产受到损失。

十、做事切不可急功近利

首先一起来重温一个儿时的寓言故事。

三只小猪长大了，要离开母亲自己独立生活。他们面临的第一个问题就是在最短时间内盖好各自的房子，有一个能够遮风避雨的家。

老大是个急性子，他选择用稻草盖房子。稻草除了柔软舒适以外，重量还非常的轻，用起来很方便。老大没用三天就把房子盖好了，他舒舒服服地躺在用稻草铺成的床上，心里美极了。

老二比老大强一些，他选择了用木头盖房子。老二认为，稻草盖的房子不结实，木头才是盖房子的最好材料。老二用了10天把房子盖好了，望着自己的杰作，老二非常有成就感。

老三性格非常踏实，他选择了用石头盖房子。石头坚硬，虽然有些笨重，但盖出的房子肯定是最结实的。老三用了1个月也把房子盖好了，在石头房子里住，老三觉得非常安全。

大灰狼得知三只小猪独自生活的消息，决心要吃掉他们。他先来到老大家，老大吓得躲到了稻草房子里，大灰狼使劲吹了口气，稻草搭建的房子就倒塌了。老大见势不妙，急忙跑到老二家躲避，大灰狼来到老二家门口，只用一把火就把老二的房子给毁了。老大和老二吓坏了，又跑到老三家避难。老三的房子是石头做的，任凭大灰狼用尽手段，都没办法闯进家门，这三只小猪也因此没有被吃掉。

那时候，这则寓言故事教给我们的道理就是：做事情要踏踏实实，切不可急功近利。

随着时光的变迁和社会的发展，人们的生活节奏开始变得越来越快，人们更注重效果的最快反映，更追求目标的迅速实现，于是一些人已经把这则寓言故事远远地忘在了脑后。

生活中，一些人表现得急功近利。为了追求完美身材，减肥的人给自己定下1个月减掉20斤的目标，强迫自己饥饿，强迫自己喝下药物，却极少有人长时间坚持锻炼。为了让孩子将来有特长有才能，一些家人拼命给孩子加压，周六补课，周日学美术、学舞蹈等，却从不关心孩子的心理健康。

工作中，一些人表现得急功近利。为了被上司提拔，有的人说假话、做假象，把别人的能力说成自己的能力，把别人的功劳说成自己的功劳。为了获取利益，有的人在工作中挑拨是非、兴风作浪，恨不得别人都变成为坏人，唯独把自己变成一个好人。

甚至在感情上，一些人也急功近利。第一天认识，第二天发生关系，在未加思索的承诺后，举行闪电式的婚礼。更有的，不考虑自身的将来，不考虑家人感受，为了名利拿感情做交易。

对于炒股，急功近利者更多。今天追高买进被套，明天割肉卖出，受不了阴线调整的折磨，非要做一个“超级短线”。要么就是总觉得自己手里的股票涨得太慢，获点小利便坐立不安、频繁换股。

这些急功近利的行为最终导致的结果往往差强人意，甚至起到反作用。即使在很短时间内见到效果、得到好处，也是侥幸所致，长期来说弊大于利。由“三只小猪”的寓言童话来看，我们做人做事还是不要贪图速度，而是应该把目光放长远一些，从客观上努力，追求质的稳固和提升。

古人云：“不积跬步无以至千里，不积细流无以成江海。”远大的理想和目标都是从一点一滴做起，而不是一天两天可以完成。但凡是大作为者，都会克制自己急功近利的心态，从小处着眼，从细节入手，不断积累，不断巩固，一步一步走向成功。

启发 股价涨升需要有一个过程，很少有股票一下子从 10 元涨到 20 元，所以我们必须从心里消除“一夜暴富”的思想，客观地分析股票的走势，并做出正确的操作。急功近利的心理可能会让你抛弃掉即将调整结束的股票，而冒很大风险追高、追涨停去买另一只处在顶部的股票，最后落得个亏大赢小。

十一、反省自己，从错误和失败中走向成功

人活一世，不可能不犯错误，而犯错误不等于失败。

爱因斯坦和他的邻居曾经是很要好的朋友。爱因斯坦四岁还不会说话，七岁还不识字，常常犯错误，而他的邻居是个乖孩子，很少犯错误。为此，爱因斯坦没少受父母责骂、受老师的批评，而他的邻居却经常受到老师和父母的表扬。那时候，老师曾断言爱因斯坦将来肯定不会有出息，理由是：爱因斯坦的脑子有问题，老是犯错误。而最后，爱因斯坦成了举世闻名的物理学家，而他的邻居，那个几乎不犯错误的孩子一生平庸，早就已经被人忘记。

成功的人和平庸的人区别就在于，成功的人犯了很多不同的错误，而平庸的人则一个错误都不犯。成功的人在错误中反思，在错误中成长，从大错到小错，

从小错到无错，从无错到成功。

世界上几乎没有人不犯错就获得了成功，可以说，许许多多的成功都是建立在错误的基础上的，不同的是成功的人善于在错误中反省，不断摸索可行之路。

在电灯问世以前，人们普遍使用的照明工具是煤油灯或煤气灯。这种灯不仅使用起来不方便，还很容易引起火灾，酿成大祸。多少年来，很多科学家想尽办法，想发明一种既安全又方便的电灯。1877 年开始，爱迪生决心发明一种安全而长寿的电灯，他先后试验了钡、钛、铟等 1 600 多种灯丝材料，效果都不很理想。一次次的试验失败，并没有使他气馁，通过反复试验，爱迪生总结出玻璃泡必须保持真空状态的经验，于是他用碳化棉丝装入真空玻璃泡内，1879 年 12 月 21 日，他和助手接通了电流后，这只电灯亮了，这是世界上第一盏电灯，灯丝燃烧了 48 小时。以后，爱迪生又成功地用竹丝作灯丝，首次在市场上出售，后来又用纸条碳化后作灯丝以降低成本，终于使电灯得到了普及。再以后他又将灯泡改用钨丝作灯丝，在灯泡内加入一些惰性气体，使灯泡不断完善。

有人曾问过爱迪生，“你发明电灯，经历了 1 600 次的失败，怎么能坚持不断试下去的。”爱迪生说：“这 1 600 多次的试验，不是失败，而是证明了 1 600 种方案行不通，这也是一种成功，没有这些，我最后是发明不出电灯的。”

正所谓实践出真知，因循守旧地思考和行动，表面看起来不会犯大错，但却很难有大的进步，在进取创新中失败、在失败中获得经验和启发，不断反省自我、改变方法，再去创新，再去努力，才能让我们一步一步走向成功。

散户投资者在股市投资过程中，也经常会犯错误，而且经常因为错误判断和错误操作给自己带来不小的损失。

譬如说，散户投资者盲目追高本身就是个错误，当天追高买入一只股票，而这只股票第二天开始了调整，投资者并没有获利，甚至可能浅套其中，账面略有亏损。如果判断这只股票可能会深度调整，正确的方法是应当止损出局，等待它跌至低点再进入。可一些投资者往往看到别的股票涨势很好，忍不住割肉后，又去追高买其他的股票，这就是连续在犯一个相同的错误。有时候赶上机会，可能这次追高能够获利，把上次追高的亏损弥补回来；可一旦赶上第二次追高的股票再出现问题，亏损就会越来越大。

个别散户短期内出现严重亏损，很多情况都是如此，原因就是在利润的诱惑下，连续犯同样的错误，连续跳入庄家设下的陷阱。

出现这类错误，我们应该立即停止操作交易，并进行严厉地自我反省，以杜绝恶性循环的开始。

要找出自己操作失败的关键原因，分析错误的实质所在。是大盘运行趋势发生反转？是股票本身基本面发生了变化？还是个股的技术性调整？是自己贪念作怪？是交易时机不对？还是仓位控制不好？这些都要认真地进行思考，分析后做出正确的抉择，并制定一个简单的交易策略，来重新把握和控制好买卖节奏。

切不可“破罐子破摔”，在没有找到关键症结的情况下，将错就错，一错再错，进一步扩大资金损失。

失败一次并不可怕，账面上的损失也只是暂时，只要多观察，多反思，多摸索好的方法，不断提高自己的炒股技巧，掌握好的节奏，避免重复错误，我们就能够在股市里立于不败之地。

启发　面对庄家挖空心思设下的各色陷阱，散户投资者要保证在股市里操作不出现失误真的很难，唯一的办法就是不断自我反省，提高操作技巧。自我反省不光是要反省操作方法，更要反省炒股心态，只有心态健康、方法得当，才能更有效地避免损失。

十二、有空间才能有发展

人的追求和向往造成社会上总会出现一种现象，就是“扎堆儿”、“赶风儿”。譬如说一时间流行某种服饰或发型，走到马路上，看到很多人样子都差不多；譬如说学生择校和志愿专业填报，名牌学校选择和热门专业报考的人数是普通学校普通专业的几倍，甚至几十倍；再譬如说国家公务员考试，更出现万人挑一人的场面。发型和服饰等生活小节倒是无所谓，一样就一样吧，反正碍不了什么大事，可升学择业这种关系人生发展的大事，“扎堆儿”可能就让自己身处不利境地，限制了自己的发展空间。

大家都选择一个方向，都去上一个学校，都去干一个专业，都去当公务员，根本就不可能。这种错误的追求把我们放在一个错误的位置，在这个位置上我们没了选择的空间，没了被选择的空间，更没了发展的空间。

没有发展空间的原因要么是一件事物的本质决定，要么就是事情发展到了一定程度，或者说发展到了极端。

所以，我们在生活中做人做事，包括拟定自己的发展目标，都要先考虑自己的空间，考虑发展的空间。如果没空间，则应另寻出路、再作打算。

散户投资者有很多都在亏损状态，其中一大部分人是在2007年上证指数处于5 000点以上的阶段入市，或者之前就已经入市，而恰恰在这个阶段投入大量资金，当时一些机构吹捧，上证指数会发展到8 000点以上，甚至10 000点，许多散户投资者对此坚信无疑，没有做太多的理性分析，盲从于许多媒体，不知不觉身处于险境之中。

大盘上涨动力不足，上行空间已经不大，相反，积蓄已久的空方力量逐渐开始爆发，下行空间却非常广阔，投资者面临巨大风险。这是因为大势发展空间受限所造成的。

而在大盘具备向上发展空间的时候，个股的上涨空间对于散户投资者来说是决定胜败的关键因素。

懂得选股、善于选股的散户，在此阶段获利丰厚。2008年底，大盘在经历了几波大幅下跌探底后，逐渐开始有复苏迹象。具有稀缺资源概念的小盘绩优股恒邦股份（002237）表现活跃，从最低16元附近一跃涨至28元附近，走势远远领先于大盘。当时恒邦股份每股收益2元多，流通盘2 400万股，不仅业绩好，而且具有很强的股本扩张能力，可以说上涨空间很大。有的投资者看出端倪后，在28元果断全仓买入，一路持有，在股价涨至90元的时候清仓，获利超过3倍之多。

不懂得分析空间、利用空间的散户投资者则总是处于跟风状态，身处被动之中。当股票从10元涨到20元，从上涨到疯狂上涨阶段，他们不分析股质、不看空间，盲目追入；当股票从20元跌到15元，从阴跌到疯狂杀跌阶段，他们又不冷静思考、不分析大势和股票基本面，盲目抛出。一个阶段的操作下来，指数涨了不少，但自己却没有多大盈利，或者是大盘跌了一截，他们的股票和资金却来回来去割掉了几截，损失加倍。这都是因为我们空间意识薄弱所致。

任何发展都是建立在空间之上的。在投资活动中掌握这一点至关重要。

正所谓“物极必反”、“月盈则亏”。股价在变化过程中，涨到一定程度，必然受入场资金所限、受空间所限，必然选择震荡整理或向下；跌到一定程度，必然受到场外资金关注，在有效探底后、企稳回升。

判断好空间，把握好空间，首先不要把利润建立在空中楼阁的股价之上。要认真分析个股的基本面，利用公司新闻、财务报表等数据信息从公司业绩、行业发展前景、成长性上认真研究，对公司未来做一个初步的判断。业绩好、成长性好的股票，可能从 20 元一直涨到 60 元；业绩一般，成长性差的股票，可能从 20 元跌到 10 元。因此选股时，不能因为大家看好一只股票就断定它可以涨到如何如何，要客观分析，更不能抱有幻想。

判断好空间，把握好空间，是充分考虑风险释放过程中回档下调的股价。在大盘震荡调整，一些股票面临回调风险时候，要同样对手中股票进行客观审视，充分认识可能存在的下调空间。大盘跌去 100 点，有的股票可能只跌去 1 元，有的股票可能会跌去 5 元。如果手中的股票回调空间很大，就有必要考虑先部分抛出，等到低位时再买回。

启发　市场上有句话“用时间换空间”，广泛被散户投资者运用。但事实证明，有的时候时间可以换来空间，而有时候再多时间也换不来。为什么？一只股票的本质决定。所以我们在选股的时候，要客观分析股票的上涨空间和回调空间。太高了，没涨升空间，我们不买；太低了，短期已无下跌空间，我们不仅不卖，还要加倍买入。

十三、“小聪明”与“大智慧”

我个人觉得，世界上聪明人很多。

成功的人肯定是聪明人，而且是具有大智慧的聪明人；失败的人也是聪明人，只是太善于用小聪明反而坏了事。

同为聪明人，为何结局不同呢？这就是因为聪明有大小之分，有小聪明和大智慧之分。

每个人都想拥有大智慧，却往往容易迷失在小聪明之中。大智慧与小聪明，它们的区别在于，小聪明可多可少，而大智慧对每个人来说却是或有或无。这正好像是“道”和“术”的区别，“术”是方法与策略，而“道”则是信念、价值观、事物发展的规律，它可以引导你明晰生命的终极目标。因为“术”往往显得“很实用”，所以人们常常被它吸引，结果寻道之路反而会被阻隔。

小聪明的人对人性有一定了解，因此他们从内心认同的人不是很多，但他们不会把对这些人的不屑一顾表现出来；大智慧的人对人性一定很了解，因此他们能够十分包容地看待一切，他们把世界装进了自己的胸怀。

小聪明的人苦恼特别多，他们非常注重细节，可又偏偏能力不足，他们常常因为无法实现一个目标而痛苦，或者常常怨天尤人，对现状很不满足。大智慧的人过得幸福，他们注重方向，能力与智慧结合实现的发展让他们幸福，或者说只要大局没有问题，他们就很满意。

小聪明是战术，大智慧是战略；小聪明是个性的感性体现，大智慧是理念的感性显现；小聪明看到的是芝麻，大智慧看到的是西瓜。

小聪明者是以自我为中心看问题，他们表现得聪明伶俐，会说话会办事、伶牙俐齿、机灵敏捷、善于伪装，有种随风而动的轻巧，有种趋炎附势的灵动，有种你能千变万化，我能随机应变的聪慧。小聪明是细节，小聪明是近观，小聪明是装饰，小聪明是花草，这种聪明是表面上的，是很容易被别人觉察到的，就像一幅画，让人一看就喜欢，但只是一时的喜欢而已。

大智慧者以环境为中心客观看问题，他们表现得山水不露，稳重大方，拙中藏巧、大智若愚、运筹帷幄、高屋建瓴，有种水滴石穿的坚韧，有种坐山观虎斗的气概，有种任你千变万化，我早已将你看穿的沉稳。大智慧是框架，大智慧是俯视，大智慧是主体，大智慧是树木，大智慧就像一部哲学著作，初读时不一定得到人们的喜欢，可是你要是能读下去的话，你会变得深厚，也会终生受益。

小聪明细而不全，可能某一方面有出人之智，而其他方面可能不行，所以小聪明时而会翻船；大智慧是超越感知的宏观，所谓的大象无形，因而当这个智慧刚刚出现的时候，绝大多数人只感觉到这个智慧的平淡无奇，直到智慧灵光显现的一刻才能引起人们的惊叹。

基本功不扎实，做事浮躁，人云亦云，随波逐流，是小聪明。基本功扎实，做事实在，有自己独特的见解，是大智慧。有小聪明的人看到比自己聪明的人心里会有一种紧张感，遇见没自己聪明的人会表现得不屑一顾，遇见大聪明的人就只有望而兴叹了。有大智慧的人看到比自己聪明的人心里会有一种钦佩感，遇到没自己聪明的人会向他们讲道理帮助他们，遇见大聪明的人可谓找到了知己。

小聪明是世俗哲学中的随波逐流，经常自误，一片落叶就会当做寒冬，就会用自造的凄凉来折磨自己。大智慧是老子哲学中的以柔克刚，仰观满天星斗，俯瞰人间烟火，淡泊明志，宁静致远，不断坚定自己的信心和勇气。

小聪明对于每一个人来说，只是多和少的问题；而大智慧对于每一个人，则是有和无的问题。大智慧是有理念的，而小聪明更多的是感性的。小聪明是一种道理的不同表达方式，是片断零落的感想。大智慧则是石破天惊的创见，是贯穿一体的哲学。

人生需要大智慧，最忌讳小聪明。小聪明本身就具有一种擦抹不掉的悲剧色彩，小聪明总有个性的弱点，个性的弱点总会造就人生的局限，当功名利禄和小聪明发生关系，他的问题可能就出现了。而大智慧则不一样，一切都来得自然，承受得理所应当。

小聪明是可以教的，而大智慧却只能靠自己的心灵体悟，而不只是通过简单的模仿、学习就能够了解的。只有内心沉净，内外兼修，才有可能领悟大智慧。

如果我们用一个更宽阔的胸襟去看待自我和周围的世界，不去计较考量短期的利益，不沉浸于“小我”的世界中，而是把进退的支点放置得更高，把所有的经历都变成自己的精神财富，那么我们就会有更多的心得和体会。

小聪明和大智慧的例子很多，就拿我们投资股市来说，身边一个个的失败和成功就足以说明一切。

有的散户手里的股票调整了，他要小聪明，准备在几只股票中间做波段，他认为买另外一只正在涨升的股票做个短线，挣一些，再以更低价格把这只买回来，循环往复，挣钱最快。可当他买入另一只股票的时候，涨升的股票也开始了调整，而原来手中的股票却结束调整开始了重新涨升。倒换几次，手里的股票越来越少，持股成本却越来越高，得不偿失。

有的散户喜欢涨升速度快的股票，要小聪明，频繁换股。这只股票刚刚赚了点，他觉得涨得慢，赶紧卖掉，又去换另外一只股票，另外一只涨了一些，又要换股。换来换去，虽然自己运气不错，不断盈利，但却丢了西瓜捡芝麻，如果第一只股票持仓到最后，可能本金已经翻了几番。

所以，针对于此，散户投资者真的应该客观认识自己，认识自己在股票投资中的操作方法。

正所谓：

用显微镜看行情，是小聪明；

用望远镜看行情，是大智慧。

以时分为单位看行情，是小聪明；

以周月为单位看行情，是大智慧。

以经营企业的态度和耐心去经营股票，失败只是偶然；以赌徒一夜暴富的心态去买卖股票，成功实属好运。

启发 小聪明是吃亏上当的诱因，做股票更应该杜绝“要小聪明”。要想从一波行情里赚足，认真做好一只股票就够了。千万不要“这山看着那山高”，频繁操作，频繁换股。要知道，小聪明引发的大错误，可能让你在股市里无法翻身。

十四、将计就计才是上策

将计就计就是利用对方的计策向对方施计。

曾一度热播的电视连续剧《潜伏》中有一段这样的精彩情节：

诡计多端的谢若林为摸清翠平的底细，找到了曾经当过八路军的汉奸许宝凤，想让她演一出好戏，从涉世未深的翠平的嘴里套出些实情。翠平和站长太太去烧香，化妆成受伤的八路军战士的许宝凤倒在了她们面前，故意引翠平上钩。

翠平误认为许宝凤是自己人，便将许宝凤安置在一家客栈。许宝凤用谢若林提供的情况作诱饵，翠平很快就向她暴露了真实身份。翠平哪里知道，她和眼前这位“好同志”许宝凤的对话，都被事先藏在皮箱中的微型录音机录了下来。

谢若林将录音带卖给了李涯，本来已经心灰意冷的李涯又开始蠢蠢欲动。

本以为帮助了战友的翠平，把一切告诉了余则成，余则成断定翠平中了圈套，好在事情还有挽回的余地。为了控制局面，安抚慌乱的翠平，余则成并未将实情告诉翠平，而当下之急，就是要先转移罗掌柜的交通站。新的交通站迅速建立起来了，联络人是执法队的廖三民。余则成借廖三民之手监禁了许宝凤，本以为此事很快就会风平浪静。不料尚不知情的翠平救许宝凤心切，居然私自前往已经转移的罗掌柜的交通站，致使自己彻底暴露。

余则成对翠平进行了严厉的批评，翠平也终于明白了许宝凤的真实身份，并认识到问题的严重性。经过仔细分析，余则成觉得还有机会翻盘，于是他决定将计就计，制作假录音反击。

站长听了李涯提供的录音带之后下令逮捕余则成夫妇。李涯本以为这次绝对稳操胜券，不料余则成早已准备好了应对措施，他事先教了翠平一套说辞，让她在面对李涯的审问时滴水不漏。随后他又拿出拼改过的李涯和许宝凤的对话的录音带，把李涯的录音证据全盘颠覆，又把早已去见阎王的谢若林嫁祸为始作俑者。最后他还反客为主,以不学习先进的间谍知识为名狠狠地批评了李涯。面对余则成的机智和果敢，李涯的阴谋再次落空，余则成又将局势紧紧地控制在自己手中。

将计就计多是中了对方的招数之后，在受到大的伤害以前，巧妙构思，顺势而为，用对方的策略行事，挽回局面并重新占据主动。

股市是机构与散户投资者的博弈，是资金与资金之间的博弈。所谓博弈，就是相互算计，相互使用计谋，使得对方就范。就控盘能力来说，散户投资者似乎没有任何优势，而是始终处于弱势，始终处于被庄家算计的位置。

庄家拉高诱多，便有散户投资者上当受骗，庄家很容易就把大量筹码派发出去。庄家诱空洗盘，也会有很多不知情的散户投资者误认为利空到来，纷纷低价抛出筹码。总之，散户投资者一定程度上总是被庄家玩弄于股掌之中。

但散户投资者也有优势。散户投资者的资金小、反应迅速、操控灵活，正确地快进快出可以始终保持主动。只是我们不懂得如何利用这种优势，或者说不善于利用自己的优势。

笔者认识的散户朋友当中，不善博弈和善于发挥操控灵活优势的两个人，在短短几个月时间内的资金收益相差很大。不善博弈的人在 20 元附近买入一只股票，当股价从 20 元跌到 19 元的时候，他守仓观望，股价从 19 元继续跌到 18 元，还仍旧守仓观望、等待反弹，直到有一天股价从 18 元涨到 21 元，他每股获利 1 元。而善于发挥操控灵活优势的人同样在 20 元附近买入，当股价跌到 19 元的时候，他全部卖出，待跌到 18 元的时候，他又全仓买入，等到股价涨到 21 元时候，他每股获利 2 元多。当然，这里把这个过程描述得非常粗略，只是为了让大家感悟其中的技巧。

散户投资者与庄家博弈中计之后，要善于分析庄家的操作意图，结合大势做出正确的判断，学会将计就计，尽最大可能进行补救。如果在大势向好的情况下盲目离场，或者在大势不好的情况下坐以待毙，那才是真正中了招，得不偿失。

将计就计是随时而动，随势而动，再说理想一点就是与庄共舞。当然这需要良好的投资心态、扎实的操盘技巧和丰富的看盘经验，需要我们一点一点慢慢积累和磨练。

在大盘强势时候，观察庄家拉高时机，高点卖出，回调买入，做好差价，不断增厚利润。最关键一点，在大盘弱势的时候，准确判断庄家洗盘幅度，及时卖出，低点买入，不断降低持股成本，做到小反弹保本，大反弹获利。

启发 散户投资者很多的亏损都是因为不懂得将计就计，股价下跌时盲目离场所致。其实专注地做好一只股票是一个非常好的策略，做好一只股票有利于掌握庄家的操盘特点和方法。在摸清庄家意图和掌握其操盘特点后，我们可以将计就计，与庄共舞，不断降低持股成本，使自己立于不败。

十五、君子以自强不息

《周易·乾·象》曰：天行健，君子以自强不息。

《象辞》说：天道运行周而复始，永无止息，谁也不能阻挡，君子应效法天道，自立自强，不停地奋斗下去。

《周易》的第一卦，即道出自强不息的深刻道理，可见古人对人生真谛参悟之深。

自强不息就是自立、自强，奋斗不息、努力不止。

自强不息就是在逆境不气馁，在顺境不懈怠，朝着自己的理想，一步一步稳步前行。无论地位多么卑微，目标却心存高远；无论遭遇多么不幸，信心却毫不动摇。

自强不息是一种奋发向上的精神面貌，是一种不怕困难、勇于奉献的精神。是“明知山有虎，偏向虎山行”，不畏困难，不懈奋斗，努力实现人生所向往的目标。

自强不息更是一种责任，对社会的责任，对家庭的责任，对自己的责任。是用接纳包容的心态，是用承载付出的心态，是用向上不止的心态，对待身边的一切事与物。

有了自强不息的精神，就有了前进的动力，就有了克服一切困难的勇气，就有了独立自主发现问题、解决问题的能力，就具备了事业成功的基础。

美国盲聋女作家、教育家海伦·凯勒幼时患病，两耳失聪，双目失明。七岁时，安妮·沙利文担任她的家庭教师，从此便成了她的良师益友，相处达50年。在沙利文帮助之下，海伦·凯勒进入大学学习，并以优异的成绩毕业。海伦·凯勒在大学期间，写了《我生命的故事》一书，讲述她如何战胜病残，给成千上万的残疾人和正常人带来鼓舞。这本书后来被译成50种文字，在世界各国流传。海伦·凯勒以后又写了许多文字和几部自传性小说，表明黑暗与寂静并不存在。后来凯勒成了卓越的社会改革家，到美国各地，到欧洲、亚洲发表演说，为盲人、聋哑人筹集资金。第二次世界大战期间，她又访问多所医院，慰问失明士兵，她的精神鼓舞了很多人。1964年，海伦·凯勒被授于美国公民最高荣誉——总统自由勋章，次年又被推选为世界十名杰出妇女之一。

中国数学家华罗庚中学毕业后，因交不起学费被迫失学。回到家乡，一面帮父亲干活，一面继续顽强地读书自学。不久，又身染伤寒，病势垂危。他在床上躺了半年，病痊愈后，却留下了终身的残疾——左腿的关节变形。当时，华罗庚只有19岁，在那迷茫、困惑，近似绝望的日子里，他想起了失去双腿却著书兵法的古人孙膑。“古人尚能身残志不残，我才只有19岁，更没理由自暴自弃，我要用健全的头脑，代替不健全的双腿！”青年华罗庚就是这样顽强地和命运抗争。白天，他拖着病腿，忍着关节剧烈的疼痛，拄着拐杖一颠一颠地干活，晚上，他在油灯下自学到深夜。1930年，他的论文在《科学》杂志上发表了，这篇论文惊动了清华大学数学系主任熊庆来教授。以后，清华大学聘请华罗庚当了助理员。在名家云集的清华园，华罗庚一边做助理员的工作，一边在数学系旁听，还用四年时间自学了英文、德文和法文，并发表了十篇论文。到25岁时，华罗庚已是蜚声国际的青年学者了。

海伦·凯勒和华罗庚都身患残疾，曾经年轻、曾经坎坷、曾经失落、曾经迷茫，但他们都有一个崇高远大的目标，都有战胜困难、勇往直前的坚定信心和勇气。为了实现理想和目标，他们自强不息、奋斗不止，并一步步走向成功，最终成为众人学习的榜样。

相反，现实生活中有许多身体健全的人却严重缺乏自强精神。他们追求享受、意志薄弱。他们即使有一定的理想，也是为了实现理想后的种种荣誉与享受。在现实面前，他们不愿付出努力，更没有合理的对策。努力过程中一旦受到打击，便会垂头丧气、心灰意冷，甚至从此一蹶不振。

这样的人在生活中很多，在股市里更多。抱着一夜暴富的梦想入市，在股市受到打击后，不思心态的调整，不思方法的转变，反而变本加厉，迫切希望翻盘捞本，错误的操作以至于最后自己的损失不断扩大。有的散户在股市损失后，不认真反思自己，却更牢固了“赌”的意识，盲目认为加大资金投入便可一次获取更多利润以弥补损失，于是在自己不具备后续资金的情况下，找亲戚借、找朋友借，甚至把房子抵押上，最后把自己逼到了无法挽回的境地，从此一蹶不振。

散户投资者缺乏自强精神还时常表现为“病急乱投医”，手里的股票稍稍被套就心急火燎，问这个老师、问那个老师，急于寻求帮助。有的盲目信从于媒体上的一些荐股栏目，今天看了这个节目分析的股票，赶紧追进；明天看那个栏目的分析，再去买另外一个。却从来不认真思考自己的炒股方法，从来不结合大势制定自己的投资战略，总把信心和希望寄托在别人身上，总想通过外力挽回局面。

这些都是不可取的，或者说我们必须摒弃所有的依靠心理，从自己本身的炒股方法和炒股心态上找出症结，找出正确的答案，走一条自强自立的股票投资之路。

人生如炒股，炒股又如人生，要学会自强、自尊、自信。没有自尊的人，遇到困难和挫折时，往往自暴自弃、自轻自贱，首先想到的是自己不行了，从而放弃了努力奋斗。而自强自尊的人，面对挫折，能够坚忍不拔、奋发向上，能够在挫折和失败中找到方法，征服挫折失败并最终取得成功。

启发 从现在开始，做一个自强自尊的股票投资者，不要从别人那里寻求股票买卖的信息帮助，更不要从别人那里寻求资金的帮助，要学会分析大势、分析自己，找出自己错误的操作方法并加以改正，通过心态和方法的不断调整，不断积累经验、完善自己。

十六、要让自己博闻广识

把“博闻广识”这个词放在一个比较通俗的层面来解释，就是“活到老、学到老”，就是不断丰富自己的知识，不断打开自己的眼界，不断增长自己的阅历。而其最终目的则在于知识多了、眼界开了、能力提升了，办起事情才会顺手。

博文广识的人态度客观，能有效分辨事物的真假，并为他的下一步行动做出准确的判断。谣言传到普通人耳朵里，会迅速发生化学反应，引起普通人的激动、心慌、高兴、悲伤，会像石头扔到池塘里，通过普通人的嘴巴不断扩大；谣言传到博文广识的人耳朵里，就像一阵风吹过，风过而心不动，心静而风止。假象在普通人眼里，是美丽的，是具有诱惑的，会让他疯狂不已；在博文广识的人眼里，假象永远是假象，永远都是一个陷阱。

博文广识的人头脑灵活，能够举一反三、融会贯通，面对困难，他总是能够迅速找到解决的办法。面对一个问题，普通人会以一种习惯的方式寻求解决办法，反复试验，直到无法解决才得出结论：这个问题无解。而博文广识的人却不一样，面对问题，他们反复考量，正面不行就反面，他们会从多个角度去寻找答案，直到最后成功。

博文广识的人是从普通人而来，博文广识的人的特点就是好学、认学，博采众家之长。

普通人要想成为博文广识的人，就必须善于学习，善于积累。

善于学习不是要求我们每个人都成为学者，天天伏案钻研、掌灯夜读，而是需要我们以一个谦卑的心态看待世界，打开思维，敞开胸怀，接纳一切有助于提高我们自己的知识，无论各个领域、无论各个类别，只要是有益的，统统可以拿来进行参考和思索。

善于学习，是以学习的心态读书看报。通过读书看报，我们可以掌握一些新的思考方法，新的思维理念，可以通晓不同行业的技能知识，可以领会名人名家的立场观点。通过读书看报，我们可以培养自己良好的习惯，也可以更直接地受到启发。

善于学习，是以学习的心态上网、看电视。了解社会发展态势，纵览世界要闻时事，并从中丰富自己的阅历和知识，开阔自己的眼界，并不断调整自己的世界观和人生观，时刻与时代同步、与社会发展同步。

善于学习，是以学习的心态与人交往。不断汲取别人的长处，弥补自己身上存在的缺憾。从谦卑的人那里学习处世态度，从高傲的人那里学习自信自强；从成功的人那里学习经验，从失败的人那里体会教训。在与人交往过程中，不断完善自己，提高自己。

在股市，更要以一个学习的心态，不断提高、不断完善。炒股相对比较耗费时间，而且需要掌握很多技巧，自大自满的心态在股市里很容易受伤，同时炒股又要求投资者掌握各方面的知识，以帮助其对经济形势做出准确的判断，因此学习对于投资者来说尤为重要。

笔者的一个朋友，2009 年入市，自恃财大气粗，不听别人劝告，更不认真地学习炒股技巧，20 万元资金被他追涨杀跌，一年不到的时间只剩下一半了。周围的人从 2009 年初到 2010 年初都挣钱（近一年的大盘走势不错），就他自己赔钱，弄得他自己也很苦恼。在我们身边找一找，这样的人应该不少。他们的共同特点是自大、自负，总觉得自己的方法对头，总是不能沉下身子、冷静思考。自大自负造成的结果就是自命清高、孤芳自赏、孤陋寡闻，最后弄得自己受伤。而另外一些博闻广识的人在股市里，总是能够准确分析形势、不断完善操作方法，步步为赢，使自己的资金不断积累扩大。

启发　想提高自己的炒股水平，就要多学习、多摸索。要多关心世界经济、国家发展、时事财经，要多分析政策，多学习法律法规。而且不单要学习股票理论方面的知识，更要学习一些操盘交易的技巧，要博闻广识、融会贯通，善于用其他方法感悟炒股方法。

十七、时刻与原则打交道

观察每天的盘面和一些个股，发现总有一部分股票难以琢磨，走势十分随意。有的在成交量上忽然放大，又忽然缩小，而且量价之间并没有产生太明显的关联；有的突然一天放量涨停，而第二天又跌回原位，接下来并无行情；有的刚刚爆出大的利空消息，股价却又放量涨停，让人分析不透。散户投资者在介入这些股票后，很多时候会觉得无规律所依，不知该何去何从，要么在憧憬中进入漫长的等待，要么在未知未决中被逐渐深套。

这种个股的K线常为“锯状”，长上影线和长下影线反复出现，此类现象被经验丰富的投资者称为“散户行情”或“大户行情”，既无大资金关注，更谈不上走势规律。

总之，这就是股票里不讲原则的一类。

静下来想想，其实投资最重要的就是寻找规律，遵循原则，在规律中寻找方法，在规律中等待机会。因此遇到不讲原则的股票，想获得满意的收益真的很难。

俗话说“没有规矩不成方圆”。事物发展虽然存在一定偶然性，但如果不遵循规律，没有原则、坏了规矩，大都很难发展到一个令人满意的地步。

说话要有原则。不能说大话，虽然吹牛不负法律责任，但经常说大话说空话而不去兑现会让自己失去众人的信任，最后成为“狼来了”故事的主角。不能说坏话，说坏话必然要选择一个倾听对象，听者有心还行，保守秘密并帮你排解烦恼，若是听者无心，再说给别人去听，不断扩大范围，那你将来有一天就会成为众矢之的。

办事要有原则。要确立一个适合于自己的目标方向，明知道自己短期很难达到，或者某件事情可能出现不好的后果，就坚决不要去做，不要无畏地浪费自己的时间和精力，更没必要换来一个让自己将来后悔的结果。要寻求一个正确的方法，确定了一件事情要做，就要做好、做顺，尽可能地提高效率，最快得到一个好的结果，而这个过程就需要自己多学习多观察，找准规律、掌握方法，让自己每一份努力都取得进展，留下印迹。

与人交往更要有原则。温总理教导我们的做人原则可谓经典，其中有“谦、淡、俭、自、礼、正”几个字。做人要谦虚，不可目中无人，得意不要忘形，若一味狂妄自负、骄傲自大，只会失去处世的根本，落得个孤苦伶仃、千夫所指的骂名下场。做人要淡泊，淡看人生，淡泊明志，把一切看淡些、看开些，人生也就豁然开朗、有滋有味了。做人要俭朴，俭以养家、俭以养德，任何成功的事业都在于点滴的积累。做人要自强自信，要有个性并敢于迎接挑战，要通过不断的努力找到属于自己的自尊。做人要以礼待人，有礼之人会做人，有人缘，多朋友；有礼之人会做事，注重形象，有教养，不树敌。做人要正直，“己所不欲，勿施于人”，不做亏心事，其实本身就是一种愉悦。

真正的成功者必定坚持原则。闻名世界的星巴克咖啡就是坚持原则而成功的最好例子。对于连锁经营来说，特许加盟模式是高利益、高风险，如果做得好就等于是在家里放了台“印钞机”。但在星巴克的早期扩张中，创始人舒尔茨一直坚决反对“加盟”，他主张直营。用他的话说：我们宁可多花钱，开自己的店，训练自己的人。在这样的逻辑之下，星巴克主要依靠积累的自有资金进行扩张，很少举债筹资，绝少向“散户”开放。正因为如此，在经营对手遭遇困难，亏损严重的时候，星巴克依然保持自己的竞争活力和发展势头，如今，星巴克在全球的连锁店已经超过 9 600 家。

既然我们要不断走向成功，那就该提醒自己，学着做一个讲原则的人，时刻与原则打交道。

启发　没有原则的人不交，没有原则的股票不碰。有的股票涨跌没有规律，K 线看似上下拉锯，而且从成交量变化来看，或突然缩量，或突然放大，缩量不下跌，放量不拉升，完全没有庄家资金介入。这样的股票没有原则，更不会有什么行情。股票盈利和亏损也要制定一个原则，短线 10% 坚决止损止盈，让自己受益无穷。

十八、功成身退最高明

古语有云：持而盈之，不如其已。揣而锐之，不可长保。金玉满堂，莫之能守。富贵而骄，自贻其咎。功成、名遂、身退，天之道。

翻一翻中国历史，范蠡和张良都是高明之人，他们共同的高明之处在于事情完成以后、建立功勋之后，功成身退，离开权力中心，远离是非之地，或泛舟五湖、或学仙修道，回归云山做了消遥自在之人，虽然平平淡淡度过余生，但却很好地保全了自己。

范蠡是越王勾践的大臣，足智多谋，帮助越王打败了吴王，成就了霸业。庆功会上独少范蠡，原来他隐姓埋名，泛舟离去。临行前他给另一个功臣文种写了一封信说："高鸟已散，良弓将藏；狡兔已尽，良犬就烹。夫越王为人，长颈鸟喙，鹰视狼步，可与共患难而不可与其处乐，子若不去，将害于子。"文种不信，最终成了勾践的剑下之鬼。

张良则是刘邦的谋臣，常常"运筹帷幄之中，决胜千里之外"，帮助刘邦建立了西汉，史称"汉初三杰"之一。他了解汉高祖刘邦心胸褊狭，容不得人，便在功成之后，从赤松子修仙去了。同为"汉初三杰"之一的韩信，就没有他幸运了，最终因功高震主而死于非命。

前者范蠡、张良高明，后者文种、韩信愚呆。

为什么这么说？因为"功成身退"是一种非常高明的处世之道。在最得意的时候收手，在最风光的时候隐退，在得失一念之间，"有所为有所不为"，使自己始终与名利保持一个最和谐的距离，才是真正的"道"。

波浪式前进是人生恒久不变的道理。事物发展到了一个极端，必然向另外一个极端演变。懂得事物在什么时候发展到了顶峰或已经成熟，并知道何时见好就收，如何利用它们，也是最终决定我们胜败的关键。退得妙恰如进得巧，在获得足够的成功后，即便还有更多的成功，也要考虑见好就收，以退为进，力避锋芒。当今社会上个别位高权重的人之所以最后失败，就是因为身处风口浪尖却不懂得收敛，锋芒太露、树敌太多，惹得君妒人怨，才落得一个不好的下场。

与人生同理，股市里更应该注重"功成身退、见好就收"。

笔者自己包括认识的朋友当中，都有“坐电梯”的经历。顾名思义，“坐电梯”就是买入一只股票，当涨到一定价位获利后，还盼望能够继续上涨，继续守仓，可股票偏偏又回落到买入价位，一上一下，空等一场。“坐电梯”的原因就是不客观分析大盘走势和股价发展趋势，对未来股价盲目乐观，不懂得见好就收。

比起“坐电梯”来，更悲惨的就是“盈利时候不出，深套时候割肉”，这也是散户投资者因为不懂得见好就收而经常犯的错误。2007 年 8 月，笔者的一位朋友在 34 元附近重仓买入中国铝业（601600），之后赶上了一波主升浪，股价在 8 月底最高涨至 59.8 元。此时他的账面利润已经非常丰厚，但他认为股价会继续上涨，一只捂着没卖。之后进入调整期，经历大约 1 个月调整以后，中国铝业 2007 年 10 月 10 日开始连续三天冲高，朋友兴奋不已，但还是没有卖出，他盲目认为“新高之后还有新高”。可事与愿违，中国铝业从 2007 年 10 月下旬开始走下坡路，随大盘跌落，到 2007 年 11 月份跌至 36 元附近。朋友非常生气，到手的利润“坐电梯”就没了，大赚的时候没卖，小赚了又不甘心更不会卖。他认为大跌后必有反弹，想等到股价回到 50 元以上再卖出，可是它横盘整理了 1 个多月，小幅反弹到 42 元便开始一路下跌，等朋友真正醒悟之后，股价已经跌到 30 元附近，朋友从开始盈利 60% 以上，到每股亏损 4 元，懊悔不已，但没办法，还打算继续忍耐，可这一忍可就完了，该股一路下跌，跌到 15 元，又跌到 11 元，朋友损失惨重。整个过程中几次见好就收的机会他都没有抓住，仅中国铝业一只股票就亏损十几万元。现在回想起来，连笔者这个旁观者都一身冷汗。

教训总是惨痛的，无论股市还是人生当中。

所以，做一个官员也好，做一个学者也好，做一个商人也好，做一个百姓也好，我们都该学会“功成身退、见好就收”，高明一些，在巅峰时候止步，在胜利时候收敛，珍惜我们所拥有的、所得到的。哪怕我们只是一个赌徒，都应该做一个高明的。

启发　在一只股票连续大涨时，该是我们果断清仓的时候了，所有股票都有其合理的价值范围。在一波行情发展到疯狂的时候，也是我们考虑收手的时候了，大盘的风险积累到一定程度，必然会深度调整。所以我们在操作股票时，一定要把握好自己，做到功成身退、见好就收。

第二章 股谚心经

股谚是多年形成的用来判断股市发展、指导股市操作最简短和最精华的观点。

这里有一些是名人名家的观点，有一些网上流传的观点，笔者收集之后，加以整理，并加上简单的诠释，或许并不准确，但希望能够让更多的股友得以理解、启发、体会和运用，帮助更多的股友早一天成熟，并从成熟走向成功！

第1条 股市有风险，入市需谨慎！

怀揣梦想和憧憬入市的股友往往不会注意证券交易所大厅内的标语，但当经历煎熬后，你才会发现这句话真的非常善意。记住：谨慎没错！

第2条 股市能造就富翁，也能造就乞丐。

总有股市暴富的神话，也总有亏得一塌糊涂的失败者，做哪一个由你自己决定。

第3条 在门庭冷落的时候入市，在人声鼎沸的时候离市。

冬天过后是春天，而秋天过后会很冷很冷。

第4条 选到一只好股只胜利了一半！

选一只好股很难，选到了也只是刚刚开始，能不能拿住，能不能卖个好价钱还是未知数。

第5条 账面的盈利不算盈利。

户头里的数字只是数字，股票没卖出前的盈利不算盈利，笑到最后才是笑。

第 6 条 长线是金！

苏宁电器上市那天买了捂到现在，乞丐真的变富翁了。

第 7 条 好股是捂出来的。

拿好了一只好股，无论几浪都能赶上。

第 8 条 永远只买人气足的股票。

吉峰农机、北新路桥、罗顿发展等股票真的太牛了。

第 9 条 别听信“黑嘴”的推荐。

网络上股友总提的一句话，内涵丰富。

第 10 条 高送配的股票多半是好股票。

高送配揭示了该股一定的成长性，但不是绝对。

第 11 条 追高必套！

有一定的道理，当股价在高位运行时，这句话很灵验。

第 12 条 股市不相信眼泪！

警告散户谨慎行事，许多前辈曾流下眼泪，但股市该怎样还怎样。

第 13 条 会买的是徒弟，会卖的是师傅！

在股票盈利时候卖出才是关键。盘算一下到底自己是徒弟还是师傅呢？买不好又卖不好就干脆别混股市。

第 14 条 永远别借钱进入股市！

谁也不能保证你买了股票就立刻赚钱，别人的钱还是赶紧还给别人。

第 15 条 最好别买新股！

散户盛传的一句话，因为许多散户还没有解套。

第 16 条 新低之后还有新低！

弱势时候，及时止损很重要，等确认了底部，还可以买回来，而且能买回更多。

第 17 条　新高之后还有新高!

强势时候，伴随成交量的放大，新高会不断产生，一句话：拿住了!

第 18 条　与庄共舞!

一直是散户的理想，但很少有人做到。

第 19 条　买就买有超级庄家进驻的股票。

庄家通常会用几个月或者几年炒作一只股票，买对了就坐轿子吧。

第 20 条　股性活的股票才可以炒。

领先大盘，股性活跃的股票往往有大资金关照。

第 21 条　绝对不买大盘股和超级大盘股!

散户被套多年的肺腑之言。

第 22 条　绩优股和蓝筹股不一定是牛股!

有经验的股民发现许多绩优股落后于大盘，而有题材的股票却十分走牛。

第 23 条　高送配往往也是陷阱!

当公布送配方案时，股价往往已经很高，而在此时，庄家往往利用高送配来顺利出货。

第 24 条　第一要看公司的成长性。

上市公司的成长性决定了其业绩增长潜力，也是以后高送配的基础。选股，成长性很重要。

第 25 条　行业看好、业绩突出、成长性好的股票市盈率都高。

机构比散户聪明，优秀的股票往往一上市就被抢高。

第 26 条　生于凄凉，死于辉煌!

股市冷清的时候潜藏着机会，喧嚣的时候风险在慢慢酝酿。

第 27 条　避险第一！

君子问凶不问吉，高手看盘先看跌。看不懂、看不准、没把握时决不进场。

第 28 条　人弃我取！人取我予！

风险投资失败的永远是大多数！所以，相反理论是投资成功的一块根本基石：人弃我取，人取我予，学会做散户的叛徒，同时也就是与庄家为伍。但需时刻牢记：伴君如伴虎，跟庄如跟狼。

第 29 条　学会休息的是师傅。

文武之道，一张一弛！风险投资活动是一种极高强度的脑力劳动！切忌贪战、恋战，只有适当的休息才能保持身心健康。同时，学会让资金休息才能做好波段。

第 30 条　要学会顺势而为。

涨时重势，跌时重质。顺势者昌，逆势者亡。

第 31 条　牛市不换股！

这是股民多年的经验，牛市里，往往拿住一只股票才能赚得大钱。

第 32 条　天量见天价！

高位放出巨量一般是行情的终结，尽早获利了结是正路。

第 33 条　横起来有多长，竖起来有多高。

这样的例证很多，尤其经历股市的冬天之后。

第 34 条　牛市不言顶，熊事不言底。

市场一旦走好走牛，就要打开想象空间；市场疲软，可以新低不断。

第 35 条　牛市慢涨急跌，熊市急涨慢跌。

牛市行情持续长，慢、稳，洗盘急，回升快，新高不断。而熊市可能大涨（反弹）一天，之后是漫长的向下寻底过程，再反弹、再下跌。

第 36 条 大涨三日不追，大跌三日不杀，跳三空，气数尽。

合理买入，合理守筹。大涨后有调整，大跌后有反弹。连续跳空低开低走的，一定有大问题。

第 37 条 手中有股，心中无股。

任何时候都有一颗平常心，不要过度关心，把某一天的涨跌看得太重，以至于信心动摇，乱了阵脚。

第 38 条 存在的就是合理的，市场永远是对的。

有的股票市盈率几百倍，有的十几倍。既有道理，又没有道理，不相信市场没用，悬殊依旧存在。

第 39 条 利好出尽是利空，利空出尽是利好。

利空出尽往往股价到底，利好出尽往往股价到顶。

第 40 条 强者恒强，弱者恒弱。

股价的起伏往往看庄家的实力，选股一定要强中选强。

第 41 条 机会是跌出来的！

股票下跌过程也是价值回归的过程，当它的价值被市场认同的时候，机会就来了。

第 42 条 炒家不如藏家。

一只高成长股票藏几年下来收益可观啊。

第 43 条 君子问凶不问吉，高手看盘先看跌。

选股先考虑退路，没有下跌空间的股票才会涨。

第 44 条 买卖得心应手的时候，切忌得意忘形。

得意忘形的时候判断就容易出错，往往追高杀跌，得不偿失。

第 45 条 量在价先，即天量见天价，地量见地价。底部放量，闭眼买进。

成交量很重要，一定要分清楚底部放量和顶部放量。

第 46 条 有耐心才能当赢家。

良好的耐心是致胜的关键，坚定的信心是成功的保障。老手多等待，新手多无耐心。

第 47 条 水无常形，股无常势。

股票走势变化万千，难以捉摸。

第 48 条 该涨不涨，必有下跌。该跌不跌，必有上涨。

利空不跌有问题，利好不涨更是有大问题。利空不跌拿住了，利好不涨赶紧跑。

第 49 条 炒股是炒未来！

这句话深刻揭示了股票成长性的重要。一定要选质地好的！

第 50 条 牛市不杀跌，熊市不追涨。

牛市跌下来很快会涨回去，而此过程定义为“洗盘”。熊市拉高过程就是庄家出货的过程。

第 51 条 少抢反弹！

下降通道抢反弹，无异于刀口舔血。宁可不做，决不做错！否则，舔着血的机会少，拉舌头的时候多！得不偿失！

第 52 条 有钱难买牛回头！

确定的大牛股一定要逢低介入。上升过程中的调整是难得的机遇。

第 53 条 有庄的股是个宝，无庄的股是棵草。

有大资金关照的股票走势会很犀利，而没有机构关注的往往落后大盘很多。

第 54 条 心态第一，策略第二，技术第三。

炒股就是炒心态。因为机构一直与散户在玩心理战。

第 55 条 整体行情是国家政策与市场庄家共振的产物，个股行情则是庄家的独角戏。

非常强硬的庄家很少，庄家喜欢随大势而动。

第 56 条 不怕下跌怕放量。尤其是在相对高位放出巨量，投资者应该多一份警惕。

高位放量当日或者次日不下跌，也很难再有作为了。

第 57 条 地上三年，天上三天。

低位蓄势可能会很久，而高位却十分短暂。

第 58 条 底部买入，不动如山。

经过后期走势发现买入在底部，恭喜你，但一定要拿住。

第 59 条 买卖都不顺手的时候应立即退出来，待调整好状态之后再寻战机。

时机、状态、心理都很重要，不顺的时候及时调整，千万不能一错再错。

第 60 条 贪与贫不仅仅是“一点”之差，而是一念之差。

何时逃顶、何时及时抢筹，一念之差，差之千里啊！

第 61 条 股性是否活跃，是选股的重要标准之一。

股性之所以活，是因为有资金关照。

第 62 条 顺势者昌，逆势者亡。

身价过千万的投资机构都顺势而为，你一个散户还能怎样？逆势就是自讨苦吃。

第 63 条 及时认赔，知错便改！

买股票之前一定要设定止损点，以免失手时扩大损失面。因为重挫一次，要很长时间才能复原，既费时又费力，更易搞坏心态。知错即改，防患于未然，切忌小错酿成大错，如此才有可能有效保存实力，也才可能会有翻身的机会。

第 64 条 不赔钱就是赢家，不败就是胜者。

常赚比大赚更重要，它不仅使你的资金雪球越滚越大，而且可以令你保持一个良好的心态。所以，追求立于不败之地的永久生存，而不是贪图一曝十寒的一时暴富，这是风险投资最重要、最根本的理念之一。

第 65 条 再差的股都有让您赚钱的机会，关键是看介入的时机是否恰当。

天时地利人和，买股票，天时很重要。

第 66 条 买股时勿冲动，卖股时要果断。

盲目冲动和优柔寡断都会害你赔钱的。所以一定要掌握好时机。

第 67 条 耐心是致胜的关键，信心是成功的保障。

有耐心还要有信心，永远不要做墙头草，因为股市里吹风的人太多了，而且什么风都有。

第 68 条 久盘必跌（适用于熊市）。

高位盘整多半有问题，尤其在熊市时候最危险。

第 69 条 适可而止，见好就收，一旦有变，落袋为安。

随时做好离场准备没有错。

第 70 条 先学会做空，再学会做多。

反向思维在股市里很重要，必须好好领悟。

第 71 条 不怕急跌，就怕阴跌。

急跌可能是庄家洗盘，而阴跌肯定是庄家已经离场。

第 72 条 贪婪是利润的抹布。

贪婪不仅会失去利润，甚至会失去逃命的机会。

第 73 条 贪婪与恐惧，投资之大忌。

克服这两点很难做到，“度”的把握很重要。

第 74 条 短期均线最佳拍档：强调 5 日均线，依托 10 均线，扎根 30 均线。

判断庄家强不强看均线很准，庄家强势洗盘不破 5 日均线。不过现在的庄家非常狠，经常利用 K 线来制造陷阱。

第 75 条　不要费尽心思去抄底和逃顶，顶部和底部是自然形成的，不是人为设定的，能够吃到中间一段已经算是成功。

"人算"赶不上"天算"，顺势而为最重要。

第 76 条　当媒体的观点一边倒时，你应冷静地站到他们的对立面去。

做股票要多看媒体消息，但不能完全听信，所有判断均要靠自己决定。

第 77 条　任何时候不要轻易满仓，这样做，有利于保持平常心，而且在操作上令您进可攻、退可守。

做股票想好进路，更要想好退路。

第 78 条　判断消息真假的最好办法是对照盘面。顶部的利空和底部的利好不妨信它一回；而顶部的利好和底部的利空即使是真的，又能怎么样呢？

早到的消息有真有假，结合盘面来判断是正确的，这样可以让你占据先机。

第 79 条　跟庄时一定要清醒地认识到你的成本和庄家的成本各是多少，如果相差不远，不妨与庄共舞；如果相差太远，则无异于与狼共舞。

庄家建仓后会不断洗筹降低成本，周期越长情况可能越复杂，所以一定要警惕，因为庄家可能在无形中逃脱了。

第 80 条　侥幸与犹豫：侥幸是加大风险的罪魁，犹豫则是错失良机的祸首。

想追高做个短线，侥幸心理经常这样作怪：等等再看，犹豫的心态又让你下次追高。

第 81 条　积极介入交易活跃的股票，避免介入那些运动缓慢、成交稀少的股票！

运动缓慢、成交稀少的股票短时间内肯定是没大戏唱。

第 82 条　持币时自己说了算，持股时则是市场说了算，当你对市场没有把握时，还是"自已说了算"比较好。

有钱干什么不好，何必在没有把握的时候买"套"。

第 83 条 资金流向排行榜是庄家调兵遣将的显示屏。

资金流向不会说谎，跟着大资金走没有错。

第 84 条 庄家选股，散户选庄。

经验来看，跟对一个强庄，短期内收益就很可观。不过这很有难度。

第 85 条 不断地吸纳股性，不断地忘却人性，只有这样，才能与市场融为一体。

在股市中成功与否很大程度上和一个人的性格、阅历等有关。温文尔雅的人往往坐失良机，性情刚烈者常常不知变通，只有胸襟博大、刚柔相济之士才能进退有度、笑傲股林。

第 86 条 缩量与无量有着本质的区别。前者是股价健康发展的正常需要，后者则是股价疲弱的表现。

散户投资者一定要认真研究，分清楚缩量洗筹和连续疲软下跌。

第 87 条 根据个股不同的股性来决定不同的操作策略，这叫“对症下药”。

“牛股”少做波段，“牛皮”多做波段，阴跌赶紧抽身而出。随市场而不断调整战略是上策。

第 88 条 如果市场总是要利好消息输氧来维持生命，那么，请您赶快离开这个市场，因为它已经病入膏肓，一旦缺氧（没有利好）就会危在旦夕。

牛市利空也是利好。而市场不好的时候利好消息到来也显得非常脆弱，发现这种迹象就是离场时候了。

第 89 条 股市大跌时，护盘明显或护盘坚决的个股，说明这个股票可能尚未脱离庄家成本区。这时候，您可千万别让它离开你的视线。

大盘大跌，个股不跌，是因为庄掌握大量筹码。

第 90 条 若个股走势脱离大势而自成一体，则完全是庄家资金介入的结果。

这样的股票一定要坚定持有。

第 91 条 长线买的是公司，中线买的是趋势，短线买的是庄家。

中长线看公司发展、看经济趋势，短线看庄家炒作。

第 92 条 最大的利好是跌过头，最大的利空是涨过头。

超跌能够跌出好股票，暴涨后的股票风险最大。

第 93 条 股市三类人：先知先觉者大口吃肉，后知后觉者还可以啃点骨头，不知不觉者则要掏钱买单了。

许多散户总是掏钱买单，就是因为知觉太差。

第 94 条 成交量急速减少，表示有些筹码已锁定，强势可望持续；如果暴涨时仍大量成交，表示高档有筹码杀出。

牢牢记住这一条，有助于分析量价关系，明确下一步操作方案。

第 95 条 成交量稳步放大是最佳买入时机。

这里说的稳步放大应该是温和放量，最好不要出现巨量。

第 96 条 长期下降趋势向上突破是中长线最佳买入时机。

下降趋势中极具缩量，而且连续见到“地量”，之后放量长阳向上突破，应介入。

第 97 条 处于高速发展期行业的上市公司，其股性活跃，获利机会多，一旦上升行情来临，往往会有突出的表现。

看准了，拿好了，遇到高送配行情也许真的能翻几倍。

第 98 条 先战胜自己，再战胜庄家。

克服自己性格里的弱点，改掉以往所犯错误，才能与庄共舞。

第 99 条 股市“三位一体”——技术、原则和人性。三者密不可分，缺一不可。技术所解决的是“怎么做”的问题，原则所解决的是做错后“怎么办”的问题，而人性所解决的则是能否严格执行原则的问题。

散户投资者要成功，必须认真修行。

第 100 条　现金为王！

空仓时自己说了算，持仓时则是市场说了算！所以，当你感觉对市场没有把握时，还是牢牢把握主动权，“自己说了算”最好。因此，买卖得心应手的时候，切忌得意忘形，买卖不顺手的时候则必须适可而止，及时收手，落袋为安！待调整好状态之后再寻战机。什么时候都是“手里有钱的是赢家！”